Eva-Maria Mora

Medium zwischen Himmel und Erde

EVA-MARIA MORA

MEDIUM
ZWISCHEN HIMMEL UND ERDE

Das Handbuch für feinfühlige, mediale Menschen

Ansata

FSC
www.fsc.org
MIX
Papier aus verantwortungsvollen Quellen
FSC® C083411

Verlagsgruppe Random House FSC® N001967

Ansata Verlag
Ansata ist ein Verlag der Verlagsgruppe Random House GmbH.

ISBN 978-3-7787-7516-5

3. Auflage

Redaktion: Dr. Juliane Molitor
Abbildungen: Guter Punkt – Markus Weber
Einbandgestaltung: Guter Punkt, München
Einbandmotiv: © Dhoxax/shutterstock
Satz: Satzwerk Huber, Germering
Druck und Bindung: CPI Clausen & Bosse
www.ansata-verlag.de

Für meinen Sohn,
der durch seine große Einweihung
dabei geholfen hat,
feinfühligen, medialen Menschen
die verschlossenen Türen
der Liebe wieder zu öffnen.

Zwischen Himmel und Erde
geht die Reise hin und her.
Für manche ist die Suche nach
Licht und Liebe schwer.

Kraft kostet sie nur, wenn man alleine geht
doch das ist nicht, was in der Anleitung steht.
Nehmt euch an die Hände und seid gemeinsam stark,
unzertrennlich ihr euch vorwärts wagt.

Es kommt die Zeit der Wende, wo ihr verstehen könnt:
Ein Blick auf die Wahrheit ist jedem vergönnt.

Glaube mir, liebes Herz,
erlöst wirst auch du von deinem Schmerz.

Eva-Maria Mora

Inhalt

TEIL 3 – Den Spagat zwischen geistiger Welt und Alltag meistern

Schluss

Verzeichnis der angeleiteten Übungen

Vorwort

Das Leben auf der Erde ist für feinfühlige, mediale Menschen zeitweise unerträglich. Sie fühlen die Schmerzen und das Leid anderer Menschen, auch der Tiere, und spüren einfach alle Lebewesen und Seelen gleichzeitig. Die Energien um sie herum und die damit verbundenen Emotionen werden von ihnen wie unter einem riesigen Vergrößerungsglas, also hundertfach verstärkt empfunden und aufgenommen. *Was hat sie/er denn nun schon wieder?*, fragen sich die weniger Sensitiven und schütteln verständnislos den Kopf.

Es ist real, was du* fühlst. Es ist real, was du siehst oder hörst. Die Antennen deiner Sinne ermöglichen dir den Zugang zu allen Ebenen zwischen Himmel und Erde. Kann das anstrengend sein? Kann es zu Konfusion, Konflikten und sogar Krankheiten führen? – Ja, das ist möglich. Es kann aber auch zu zauberhaften und wundervollen Erlebnissen führen, die das Leben auf diesem besonderen Planeten wirklich lebenswert machen.

---

* *Gott sagt nicht »Sie«!*
Die gewählte Du-Form ist keine Grenzüberschreitung, sondern die einzige Anrede, die in der Kommunikation von Herz zu Herz, von Seele zu Seele angemessen ist. *Das bist du.* Zu allem anderen, was nicht wirklich du bist, spreche ich hier nicht. Als Medium kommuniziert man immer von Seele zu Seele, d.h. auf der geistigen Ebene, wo wir alle eins sind.

Glaube mir, lieber Leser, ich weiß, wovon ich spreche. Ich habe die tiefsten Tiefen der Seele ausgelotet und hatte mehrere Nahtoderlebnisse. Ich bin in der himmlischen geistigen Welt ebenso zu Hause wie in der irdischen und habe gelernt, mich mit meinem Bewusstsein zwischen diesen Welten hin und her zu bewegen. Sie existieren nämlich parallel.

Als Medium zwischen Himmel und Erde ist man anders als andere Menschen. Weißt du, was ich meine? Unsere Eltern bekamen bei unserer Geburt keine Gebrauchsanleitung mitgeliefert. Ihnen war nicht klar, dass feinfühlige, mediale Menschen besondere Aufmerksamkeit brauchen. Dieses Handbuch wird vieles erklären, was bisher noch nicht erklärt werden konnte. Vor allem gibt es ganz viel Hilfestellung im sicheren Umgang mit den speziellen Gaben der Feinfühligkeit und Medialität – in Form von praktischen Übungen. Es geht um nichts weniger, als darum, als Medium den Himmel auf Erden meistern zu können.

TEIL 1

Der abenteuerliche Alltag eines Mediums

Rendezvous in Los Angeles

An einem schönen, sonnigen Tag fuhren Michael und ich nach Los Angeles, in die Stadt der Engel. Wir waren frisch verliebt und hatten unser erstes offizielles *Date,* wie man in den USA sagt. Michael wollte mir seine Heimatstadt zeigen und erzählte stolz von einem besonderen Ort, von dem man einen herrlichen Blick über die ganze Stadt hat. Ich freute mich sehr darauf und träumte von Hollywood und Beverly Hills, wie ich es aus zahlreichen Filmen kannte. Und ich fühlte mich wirklich wie im Film.

Michaels lange, dunkle Haare erinnerten mich an Winnetou, in den ich schon mit elf Jahren verliebt gewesen war, und ich erinnerte mich an unsere erste Begegnung.

Wir hatten uns vor vier Monaten auf einer schamanischen Visionssuche (*Vision Quest*) in den Wäldern von Arizona kennengelernt. Es war meine erste Visionssuche und ich wusste nicht, was mich erwartete. Schon die Begrüßungszeremonie war sehr beeindruckend. Zu indianischen Trommelklängen und Gesängen tanzte der Schamane mit seiner Familie in einem besonderen Willkommensritual für uns. Auch Michael war Teil dieser Familie. Er lebte seit zehn Jahren als *Apprentice* in der schamanischen Ausbildung, seitdem er sein bürgerliches Leben ins Los Angeles hinter sich gelassen hatte.

Ich war fasziniert und spürte die Anwesenheit der indianischen Ahnen, die uns ebenfalls begrüßten. An diesem magischen Ort geben die Apachen seit Jahrhunderten ihr schamanisches Wissen weiter und praktizieren ihre Traditionen. Es war eine Ehre, hierhin eingeladen zu werden. Nach fünf Jahren spiritueller Ausbildung als Channel-Medium für die geistige Welt freute ich mich darauf, authentisches schamanisches Heilwissen zu erlangen.

Im indianischen Basecamp lebten wir in Zelten, ohne fließendes Wasser und ohne Toiletten. Unsere typisch europäische Gruppe wurde jeden Tag ein wenig vertrauter mit den Lebensbedingungen, der Kultur, den Tänzen und dem Wissen der Native American. Am ersten Tag tanzten wir noch sehr steif und versuchten die Schritte auswendig zu lernen, statt den getrommelten Rhythmus in unseren Herzen zu spüren. Das Perfektionismus-Programm steckte uns sichtbar in den Gliedern und auch die damit verbundene Angst, etwas falsch machen zu können.

Wir sammelten Holz und kochten unser Essen am Lagerfeuer, das Tag und Nacht brannte. Die duftenden Pinienbäume, der funkelnde Sternenhimmel, die klare Luft und die Schwitzhüttenrituale halfen uns, immer mehr bei uns selbst anzukommen.

Ich erlebte viele Abenteuer und machte Bekanntschaft mit den dortigen Naturwesen, den Lokitos. Das sind Zwerge, die für die meisten Menschen unsichtbar sind und die wirklich gern Streiche spielen. Sie haben beispielsweise unbemerkt meinen neuen silbernen Armreif aus dem Zelt entwendet und ihn nach zwei Tagen ganz klebrig wieder zurückgelegt. Über schamanische Heilweisen habe ich nicht viel erfahren, aber ich habe auf dieser Visionssuche meinen Seelenpartner Michael getroffen und wir sind seitdem in tiefer Liebe verbunden.

Nachdem Michael von dem verstopften Freeway abgebogen war, fuhren wir auf einer kurvenreichen Straße die grünen Hügel hinauf zu dem versprochenen Park mit der schönen Aussicht: Rose Hills Memorial Park.

Die Aussicht war gigantisch. Man konnte kilometerweit blicken und sogar Downtown Los Angeles sehen. Michael erzählte von den Rehen, die oft in diesen Park kommen, doch wie in Amerika üblich fuhren wir mit dem Auto durch den Park, statt zu Fuß zu gehen. Er erzählte und erzählte, ich wurde stiller und stiller. *Irgendetwas stimmt hier nicht,* sagte mir meine innere Stimme. Ich bildete es mir nicht ein. Ich hörte die Stimmen von Verstorbenen. Schließlich fragte ich Michael: »Ist dieser Park etwa ein Friedhof?« Nichts wies darauf hin. Es gab keine Grabsteine, nur eine große Rasenfläche und die Straße, auf der wir fuhren. »Hast du denn das nicht gewusst?«, antwortete er ganz überrascht. *Woher sollte ich denn das gewusst haben?,* fragte ich mich selbst. Ich hatte einen Kloß im Hals und es hatte mir die Sprache vollkommen verschlagen. Erst als wir an einem anderen Teil des Friedhofs vorbeifuhren, brachte ich eine weitere Frage heraus: »Sind hier die Kinder begraben?« Er nickte erstaunt und fragte, woher ich das wisse, denn wieder konnte man außer der Rasenfläche und bei genauem Hinsehen den Platten darauf nichts erkennen, was auf Kindergräber hingewiesen hätte.

Meine medialen Antennen standen inzwischen auf Alarmstufe Rot, und ich war mir nicht so sicher, wie er auf das, was ich ihm jetzt sagen wollte, reagieren würde. Es war schließlich unser erstes Rendezvous, und er kannte mich und meine Besonderheiten noch nicht so gut. Dennoch platzte ich einfach mutig damit heraus und hoffte auf sein Verständnis: »Ein achtjähriges Mädchen ist gerade hinten ins Auto eingestiegen. Sie hat ihren Weg verloren und ich möchte sie ins Licht begleiten.«

Das mag sich für viele Menschen mehr als ungewöhnlich anhören, aber Michael schaute nur mit suchendem Blick in den

Rückspiegel und sagte gar nichts dazu. Ich bat ihn, den »Park« zügig zu verlassen, damit nicht noch mehr verlorene Seelen zusteigen konnten. Vor dem Restaurant, wo wir zu Mittag essen wollten, bat ich ihn, mir ein paar Minuten Zeit zu geben und schon mal einen Tisch zu reservieren. Auf dem Parkplatz vor dem Restaurant begleitete ich die Seele des kleinen Mädchens gemeinsam mit den Engeln ins Licht (siehe Übung 1). Zunächst war sie ängstlich, doch dann ging es ganz leicht. Sie wurde von ihren Eltern abgeholt, die mit ihr bei einem schrecklichen Verkehrsunfall ums Leben gekommen waren. Jetzt konnten sie gemeinsam durch den Lichtkanal in ihr Paradies gehen.

Beim Mittagessen versicherte ich Michael, dass so etwas bei mir keinesfalls alltäglich sei. Das erste Date ausgerechnet auf einem Friedhof zu verbringen, allerdings auch nicht. Aber natürlich erlebte Michael auch bei anderen Gelegenheiten, dass es zu den Aufgaben eines Mediums gehört, zwischen Himmel und Erde zu vermitteln.

Vermittler zwischen den Welten

Wenn eine Seele den physischen Körper verlässt, folgt sie in der Regel dem Licht der Engel, welche die Seele auf ihrer Reise in die Jenseitswelt begleiten. Wenn das irdische Ableben plötzlich erfolgt, etwa bei einem Autounfall, oder wenn der Mensch zum Zeitpunkt seines Todes depressiv, ängstlich oder verwirrt war oder einfach nicht loslassen konnte, fällt es der Seele schwer, nach Verlassen des Körpers dem Licht zuzustreben. Obwohl stets viele Lichtwesen und auch Mitglieder der Seelenfamilie da sind, um die Seelen abzuholen, können diese deren Hilfe nicht immer erkennen und annehmen.

Sehr viele Seelen bleiben in der Nähe der Erde, weil sie nicht mehr wissen, wohin sie gehen müssen. Sie suchen wie Schiffe, die in der dunklen Nacht auf dem Meer treiben, nach einem Leuchtturm zur Orientierung. Sogenannte Lichtarbeiter oder Lichtkinder, die sich zum spirituellen Heilen berufen fühlen, haben oft eine strahlende Aura, von der sich orientierungslose Seelen angezogen fühlen.

Meine Klientin Juliana erzählte mir von den nächtlichen Besuchern in ihrem Kinderzimmer. Sie hatte als Kind unter erheblichen Schlafstörungen gelitten, weil sie nie ihre Ruhe finden konnte. In dem kleinen Dorf, in dem sie wohnte, konnte ihr niemand helfen. Sie hatte riesige Angst vor den üblen Plagegeistern, die sie »die Wesenheiten« nannte. Schon in ihren Teenagerjahren hatte Juliana einen Freund, der ihr glaubte, was sie sah, weil auch er hellsichtig war. Pascal kletterte eines Nachts durch das Fenster in ihr Zimmer und sah selbst, wie viele Seelen sich dort versammelt hatten. Weil sie sich nicht anders zu helfen wusste, lief Juliana jede Nacht heimlich von zu Hause weg und übernachtete jahrelang bei Pascal, der ein paar Straßen weiter wohnte und den sie bereits mit 18 Jahren heiratete, um endlich aus dem für sie gruseligen Elternhaus ausziehen zu können.

Die beiden lichtvollen Teenager hatten Glück, dass sie keine gesundheitlichen Beeinträchtigungen davontrugen. Offenbar wurden sie von ihren Engeln gut geschützt. Orientierungslose Seelen können sich aus ganz unterschiedlichen Gründen regelrecht an Menschen anheften. Sie sitzen dann wie Parasiten in deren Aura, weil sie mithilfe dieses Energiefeldes erneut zu leben versuchen bzw. weil sie über diesen Lichtkanal einen Ausweg aus der irdischen Existenz suchen. Im Prinzip kommt jeder Mensch für eine solche Besetzung infrage. Menschliche Seelen und auch Tierseelen können sich im Energiefeld von Personen aufhalten, aber auch in Wohnräumen, Autos, Büros, Praxen etc. Schulen, Altersheime, Krankenhäuser, Bahnhöfe, Flugplätze, öffentliche Gebäude, Burgen, Schlösser, Bestattungsinstitute, Schlachthäuser, Friedhöfe etc. sind regelrechte Versammlungsplätze für orientierungslose Seelen.

Meine Klientin Heidrun litt unter migräneartigen Kopfschmerzen und vermeintlichem Tinnitus und hatte deswegen schon viele Ärzte und Heiler konsultiert. Sie ist sehr feinfühlig und tierlieb und wohnt mit ihren fünf Katzen in einem alten Fachwerkhaus auf dem Land. In unserer telefonischen Einzelbehandlung schaute ich mir ihr Energiefeld und ihre Räumlichkeiten genau an. So etwas hatte ich noch nie gesehen: Ihr ganzes Haus war voller Tierseelen, darunter Hunderte von Mäusen. Heidrun sprach davon, dass ihr ihre Katzen regelmäßig tote Mäuse als Geschenk bringen und diese in der Küche ablegen. Heidrun interpretierte dieses Verhalten als Liebesbeweis. Sie lobte die Katzen, bedankte sich bei ihnen und ermutigte sie so, täglich mehr Mäuse zu bringen.

Wir entfernten die orientierungslosen Seelen, und ich empfahl ihr meine CD *Quantum-Engel-Heilung*, mit der sie ihre Räume selbstständig von unerwünschten Energieformen reinigen konnte. Die Kopfschmerzen und das hohe Piepsen in Heidruns Ohren verschwanden schon nach einem Tag. Auch änderte sie ihr Verhalten gegenüber den Katzen, die nun besonders dafür gelobt wurden, dass sie mit Mäusen aus Gummi spielten. Die Katzen jagten weniger, sie lernten dazu und ließen ihre Beute draußen.

Die energetische Reinigung und die Entfernung orientierungsloser Seelen und Wesenheiten sind wichtige Grundlagen für den Alltag feinfühliger, medialer Menschen. Unzählige Phänomene wie Krankheiten, Schulschwierigkeiten, Schlafstörungen, Partnerschaftsprobleme, Essstörungen, finanzielle Probleme und viele andere können durch die Anhaftung orientierungsloser Seelen und Wesenheiten verursacht sein.

Übung 1

Entfernung orientierungsloser Seelen

Diese Übung kann je nach Bedarf überall durchgeführt werden. Wichtig ist, dass sich das Medium selbst dabei wohlfühlt und in der Energie des Lichtes und der Liebe ist. Ideal ist eine kurze Meditation zur Vorbereitung und um die eigene Schwingung zu erhöhen. Nimm dir ruhig jetzt ein paar Minuten Zeit und gehe in die Stille, bevor du diese Übung machst.

- Mache es dir bequem. Entspanne deinen Körper, indem du mehrmals tief ein- und ausatmest. Schließe deine Augen und gehe mit deinem Bewusstsein in dein Herz. Nimm das weiß-goldene Licht deiner Seele wahr und dehne es mit jedem Atemzug etwas weiter aus, bis du erkennen kannst, dass dein ganzer Körper lichtvoll strahlt. Dein Seelenlicht dehnt sich immer weiter aus. Du kannst es auch über den physischen Körper hinaus wahrnehmen. Es strahlt in alle Richtungen, bis sich schließlich ein Lichtfahrstuhl bildet, der nach unten in die Erde strahlt und in alle Richtungen bis hoch ins Universum.
- Du bist das Medium, die Brücke zwischen den Dimensionen und Welten. Lade jetzt ganz bewusst deine Engel und Erzengel ein (z.B. Michael, Raphael und Azrael) und bitte die Christus-Energie um Hilfe bei der Entfernung von orientierungslosen Seelen und Wesenheiten. Spüre die Anwesenheit der lichtvollen Helfer und sage laut:
- »Ich bitte um die Entfernung aller orientierungsloser Seelen und anderen Wesenheiten aus der negativen geistigen Welt Gottes.
  Permanente Entfernung aus diesem Lichtkanal, aus meiner Aura, aus diesem Raum, weg von diesem Ort. Führt sie in ihr Paradies.«

Das Paradies ist nicht unbedingt das Reich des Lichts, denn nicht alle Seelen möchten ins Licht. Viele haben sogar Angst davor, weil sie denken, sie hätten gesündigt und würden bestraft. Sie möchten einfach nur an einen Ort, an dem sie sich wohlfühlen und der ihren Vorstellungen vom Paradies entspricht. Mach also nicht den Fehler, den Seelen ein Paradies zu verordnen, sondern überlasse es Jesus Christus und den Engeln, diese Seelen wegzuführen. Du bist nur das Medium, die Kontaktstelle, der energetische Fahrstuhl. Lass dir Zeit dabei.

- Du kannst nun mit deinen geistigen Augen wahrnehmen, wie die Engel die Seelen und Wesenheiten in alle Richtungen begleiten.
- Bitte nun um die komplette Löschung der Ursachen, der Informationen (Codes) für ihre Anwesenheit und mögliche Anhaftung. Konzentriere dich dabei auf das Licht und sende liebevolle Herzenergie, bis der ganze Lichtkanal klar und leuchtend ist.
- Bitte deine Engel nun um die Versiegelung deiner Aura und der betreffenden Räume (z.B. Schlafraum).

Botschaften und Zeichen der Engel

Besonders in den ersten Jahren unserer Ehe gab es zahlreiche Alltagssituationen, die meinem Mann zunächst mehr als ungewöhnlich vorkamen.

Michael hatte schon den Türgriff in der Hand und rief mir zu: »Bis später, Love, ich hole jetzt das Auto aus der Werkstatt ab.« Ich saß in diesem Moment auf der Couch im Wohnzimmer und erhielt eine Engelbotschaft für ihn. Die Engel zeigten mir den Kotflügel unseres Autos rechts vorn, und ich sagte: »Kannst du bitte in der Werkstatt mal rechts vorn unter dem Auto nachschauen? Irgendetwas stimmt da nicht.«

Er rollte mit den Augen und schüttelte innerlich den Kopf. *Was soll denn da nicht stimmen?,* dachte er mürrisch, ahnte aber, dass dies wieder eine Engelbotschaft war und er besser unter dem gerade reparierten Auto nachschauen sollte. Auf der Fahrt zur Werkstatt führte er Selbstgespräche: *Will ich mich in der Autowerkstatt blamieren oder stimmt tatsächlich etwas nicht?*

Als er auf dem Hof der Autowerkstatt vor unserem Auto stand, versicherte ihm der Mechaniker, alles sei repariert und in Ordnung. »Einen kleinen Moment bitte, ich muss nur noch einmal kurz rein und die Papiere holen.«

Der Mechaniker ging in sein Büro und Michael dachte nur: *Jetzt oder nie!* Er schaute sich um. Niemand war zu sehen. Er ließ quasi aus Versehen direkt vorn rechts vor dem Auto seinen

Schlüsselbund fallen, kniete sich auf die Erde und schaute wie zufällig unter den Kotflügel. Von außen sah alles gut aus, doch die Werkstatt hatte einfach das alte, beschädigte Plastikteil an der Radaufhängung gelassen. Das konnte man nur erkennen, wenn man direkt unter das Fahrzeug schaute. Michael konnte sein Grinsen kaum verbergen. *Die Engel hatten mal wieder recht*, dachte er, um sich kurz darauf in ernstem Ton bei dem Mechaniker zu beschweren, der mit den Papieren aus dem Büro kam. »Mit mir können Sie das nicht machen«, trumpfte er auf. Der Mechaniker wurde blass und entschuldigte sich. Er wusste genau, dass er gepfuscht hatte und das beschädigte Teil nun austauschen musste.

Zu Hause angekommen, erzählte Michael voller Stolz von seinem erfolgreichen Erlebnis.

Mittlerweile vertraut er den Botschaften und Zeichen aus der geistigen Welt, die ich regelmäßig erhalte, auch in ganz normalen Alltagssituationen. Ich erinnere mich an eine andere Situation, in der wir an einem sonnigen Nachmittag vom Einkaufen kamen und auf dem Weg nach Hause waren. Die Straßen waren frei, und wir fuhren mit etwa 50 Meilen pro Stunde (ca. 80 km/h) in Richtung Frank Lloyd Wright Boulevard in Phoenix. Plötzlich und unerwartet zeigten mir meine Engel mit einem ganz starken Impuls der Dringlichkeit ein Bild. Dies alles ereignete sich in Bruchteilen von Sekunden. Ich schrie einfach nur laut: »Michael, sofort bremsen!«

Die Straße war frei, es gab keinen ersichtlichen Grund für meinen Warnschrei, doch er reagierte schnell und machte eine Notbremsung. Bevor unser Auto ganz zum Stillstand kam, tauchte von links aus einer Seitenstraße wie aus dem Nichts ein weißes Auto auf und raste direkt auf unsere Fahrbahn. Wir waren geschockt, denn nur durch die starke Bremsung hatten wir um Haaresbreite einen Zusammenstoß vermeiden können, der vermutlich tödlich ausgegangen wäre. Mein Sohn saß hinten und hatte genau beobachtet, was gerade geschehen war. Auch er konnte es kaum fassen, dass dieser Autofahrer so plötzlich aufgetaucht war, und sagte: »Mama, die Engel haben uns gerade das Leben gerettet.«

Mediales Empfangen von Botschaften aus der geistigen Welt

Übersinnliche Fähigkeiten oder außersinnliche Wahrnehmungen sind eigentlich ganz normal. Jeder Mensch hat nicht nur einen sogenannten sechsten Sinn, sondern auch vier mediale Sinne, die unterschiedlich stark ausgeprägt sind und bei Interesse auch trainiert werden können, wie in Teil 2 erklärt. Alle Menschen sind hellsichtig, hellfühlig, hellhörig und hellwissend. Über diese vier Kanäle kann man Energie – man kann sie auch als Botschaften aus der geistigen Welt bezeichnen – intuitiv wahrnehmen. Es ist jedoch möglich, dass die in Form von Energiesignalen empfangenen Botschaften je nach Glaubensmuster und unterbewussten Programmierungen nicht bewusst wahrgenommen werden. In jeder Sekunde nimmt ein Mensch Millionen von Informationen über seine Sinne auf, die mit unterschiedlicher Priorität verarbeitet und gespeichert werden. Die sensorischen Informationen durchlaufen dabei einen Filterungsprozess und werden über die Synapsen weitergeleitet, bis sie schließlich das Bewusstsein erreichen. Die eigentliche Wahrnehmung hängt vom Bewusstseinsstatus ab. Es gibt keine objektive Realität. Wenn Menschen beispielsweise Angst davor haben, Botschaften wahrzunehmen, die aus dem Jenseits oder von den Engeln kommen, werden sie diese erfahrungsgemäß auch nicht zulassen.

Auch der physische Körper sendet regelmäßig Botschaften aus. Manchmal meldet er sich sogar ziemlich laut, beispielsweise durch Schmerzen. Bedeutet das, dass ein Mensch immer auf diese Botschaften hört und zum Beispiel ungesunde Gewohnheiten sofort abstellt? Die Antwort auf diese Frage kann nur jeder für sich selber finden. Ich habe mit meinen Klienten die Erfahrung gemacht, dass diese ersten Signale und Botschaften oftmals ignoriert oder auch falsch interpretiert werden.

Als geschultes Medium kann man seine medialen Antennen wie ein Radio auf Empfang stellen und den Sender bewusst wählen. Dies erfordert eine sensible Vorgehensweise, die unter Stress und Druck kaum funktioniert. Das hängt mit der Schwingungsfrequenz des jeweiligen Mediums zusammen. Manche Medien können nur auf der Astralebene Botschaften aus dem Jenseits empfangen, weil das ihre Aufgabe ist und sie auf dieser vergleichsweise niedrigen Frequenz schwingen. Andere können auch in höhere Schwingungsebenen vordringen und mit Engeln und hoch schwingenden Lichtwesen kommunizieren. Es ist ähnlich wie beim Singen. Viele Menschen haben keine Übung darin und können nur in wenigen Tonarten singen. Andere bringen über vier Oktaven alle Töne klar und kraftvoll hervor, was meist auch deshalb so gut gelingt, weil sie ihre Stimme regelmäßig trainieren.

Man kann den Empfang von Schwingungsfrequenzen auch abstellen wie ein Radio und somit die Tür zu den Botschaften aus der geistigen Welt schließen. Dies ist gerade für feinfühlige Menschen eine wichtige Fähigkeit, die geübt und bewusst praktiziert werden sollte.

Die geistige Welt flüstert mir keinesfalls den ganzen Tag Botschaften zu. Sie nimmt mir und anderen Menschen auch keine Entscheidungen ab. Doch wenn es um Leben oder Tod geht, ergreifen unsere Schutzengel die Initiative und warnen uns vor

Gefahren wie in dem gerade beschriebenen Beispiel. Entscheidungen dürfen wir jedoch immer selbst treffen! Feinfühlige und mediale Menschen leiden häufig unter Reizüberflutung, wenn sie ihr »Radio im Kopf« nicht an- und ausstellen können. Sie sind einfach offen für alles. Das ist, als würde ein Radio 100 Sender auf einmal empfangen und könne die Signale nicht mehr klar aussortieren. Aus dem Radio wäre dann nur noch ein Rauschen zu hören (siehe Übung 18).

Ein Besuch in Sedona

Der kleine Ort Sedona im Norden von Arizona ist ein Mekka für spirituell Interessierte. Eingerahmt von wunderschönen roten Felsformationen, die in ihrer Pracht einfach atemberaubend sind, wirkt Sedona wie eine Stadt von einem anderen Planeten. Der idyllische Oak Creek fließt durch diesen Ort, der schon den Native American heilig war.

Es gibt dort mehrere sogenannte *Vortexes*. Das sind Energiewirbel und Plätze, an denen eine besondere elektromagnetische Energie vorherrscht. Ich konnte es kaum abwarten, mit Michael ein Wochenende in Sedona zu verbringen. Schon aus mehreren Kilometern Entfernung sieht man die gigantischen roten Felsen. Man fährt auf der Stateroute 89 A direkt auf sie zu.

Als wir an Bell Rock vorbeifuhren, hallte ein lautes Dröhnen durch meinen Kopf. Es klang wie eine schwingende Glocke. Als wir aus dem Auto ausgestiegen waren, sprach der Felsen mit tiefer Stimme zu mir: *Willkommen in Sedona.* Die starke Energie von Bell Rock ist nicht nur für feinfühlige Menschen spürbar. Auch die gerade einem großen Reisebus entstiegenen japanischen Touristen schienen sichtlich beeindruckt. Und später, als sie von ihrem Kletterausflug auf den Felsen zurückkamen, liefen sie, durch die intensive elektromagnetische Energie leicht verwirrt auf dem Parkplatz umher.

Wir gingen ebenfalls auf diesen riesigen roten Felsen zu. In unserer schamanischen Ausbildung hatten wir jedoch gelernt, zunächst Kontakt mit den Hütern des Felsens aufzunehmen, statt einfach drauflos zu marschieren und hochzuklettern.

Bell Rock erzählte mir von den Millionen Touristen, die jedes Jahr unachtsam auf ihm rumtrampeln und mit Kameras und Handys Fotos von ihm machen. *Merkt denn niemand, dass auch wir Bewusstsein haben?*, brummte er. *Wir sind Stone People (Steinwesen) und seit Anbeginn der Zeit hier, um die Erde und ihre Bewohner im Gleichgewicht zu halten.* Der Felsen schüttete mir regelrecht sein Herz aus und beklagte sich darüber, dass so viele Menschen vergessen haben, wie man mit den Elementen und den Naturwesen kommunizieren kann. Eine überwältigende Traurigkeit war zu spüren, und ich bat um die Erlaubnis, mich zu setzen. Auf einem kleinen Felsvorsprung nahm ich Platz und tauchte mit meinem Bewusstsein ein in das pochende Herz von Bell Rock. Je mehr ich in die Energie in seinem Innern eintauchte, desto deutlicher nahm ich die besondere Welt wahr, die sich in ihm verbirgt. Ich durfte eintreten und traf dort den Bibliothekar der Bücherei der Weisheit, in der viel »steinaltes« Wissen verborgen ist.

Mein heutiges Anliegen war der Wunsch nach Heilung für einen jungen Mann, der seit Monaten unter Schmerzen, Ängsten und Depressionen litt. Ich bat um Rat und fragte, ob es in dieser anderen Welt Möglichkeiten der Heilung gebe. Der alte Bibliothekar zeigte mir den Weg und lud mich und den jungen Mann in die Welt zwischen den Welten ein. Dort setzten wir uns an einen Ort der Heilung. Ganz besondere Wesen, die zunächst aussahen wie klare Kristalle, sich dann aber wie kleine Käfer bewegten, kamen uns zu Hilfe. Sie saugten das Gift aus dem Herzens dieses jungen Mannes und verwandelten es in lichtvolle Energie. Lange schwarze Fäden, die Wurzeln seines Übels, wurden herausgezogen und »aufgegessen«, d.h. im Inneren dieser kristallenen Lichtkäfer transformiert.

Dann kam ein großes weißes Einhorn hinzu, dessen Tränen wie Tautropfen auf den Kopf und das Herz dieses jungen Mannes flossen. »Komm zurück in deine Welt«, sagte das Einhorn aufmunternd. »Heute ist der Geburtstag deines Vaters und er hat nur einen einzigen Wunsch: dass es dir wieder gut geht. Komm zurück«, sagte das Einhorn noch einmal und ich sah, wie die glitzernden Einhorntränen die Lebensenergie dieses jungen Mannes wieder aufflackern ließ.

Er war schwach, wurde aber immer heller und lichtvoller, bis ich sah, wie er lächelte und nickte: »Ich komme zurück«, sagte er, »zu meinem Papa und nach Hause zu meiner Mama.« Es dauerte noch ein paar Minuten, bis der Seelenanteil des inneren Kindes in einer Lichtkugel Platz genommen hatte und in Begleitung eines Engels und des Einhorns wieder zurück in das energetische Herz des jungen Mannes kam. »Es geht mir besser«, sagte er. Ich war so dankbar für diese Fernheilung, die wir als gemeinsame Reise unternehmen konnten. So viel Weisheit und Liebe hatten wir erfahren. Nach vielen traurigen Monaten war die Heilung endlich möglich.

Seit zehn Jahren nehmen wir unterschiedliche Gruppen von jeweils 12 Personen mit auf die *Sacred Arizona Tours*, die mein Mann Michael und ich regelmäßig anbieten. Viele wundervolle Heilungen haben in diesem Rahmen schon stattgefunden. Jedes Mal halten wir bei dem kleinen Naturaltar auf Bell Rock eine Dankeszeremonie ab für die Stone People und die Helfer aus der geistigen Welt, die wir auf unseren heiligen Reisen zwischen Himmel und Erde dort getroffen haben.

An diesem Tag ging es noch weiter zu meinem Lieblingsplatz, dem Crescent Moon Park (Halbmondpark), wo sich viele Hochzeitspaare draußen in der Natur trauen lassen. Ich liebe die roten Felsen, den strahlend blauen Himmel Arizonas und das Grün der Bäume, die das klare Wasser des Oak Creek trinken und in den Himmel zu wachsen scheinen. Es ist ein Paradies auf Erden. Der am meisten beeindruckende rote Felsen im Crescent Moon Park ist Cathedral Rock (Felsenkathedrale). Zu diesem Felsen habe ich eine tiefe Herzensverbindung. Immer wenn es um das Thema Liebe und Partnerschaft sowie Heilung des Herzens geht, bekomme ich von ihm Antworten und Anleitungen zur Übertragung von Heilenergien für meine Klienten und Leser.

Frisch gestärkt fuhren wir am späten Nachmittag zu unserem Hotel und wollten den Sonnenuntergang am Pool genießen. Ich nahm auf der Liege Platz und fühlte mich sofort unwohl. *Was ist bloß los?*, dachte ich. Von Minute zu Minute wurde es schlimmer. Ich hörte ein Surren und Sausen in meinem Kopf, mir wurde schwindelig und ich sagte zu Michael: »Hier kann ich auf gar keinen Fall bleiben. Ich muss zurück ins Zimmer.« Als ich aufstand und mich umdrehte, fiel mein Blick auf einen riesigen Sendemast, den ich vorher gar nicht bemerkt hatte, weil ich so auf die schöne Aussicht fokussiert war. Er stand nur wenige Meter vom Pool entfernt. »Oh mein Gott«, sagte ich erschrocken. »Kein Wunder, dass ich es hier nicht aushalte.« Der Handymast sendet mit unbeschreiblicher Intensität Signale über ganz Sedona aus, die von den Energien der roten Felsen um ein Vielfaches verstärkt werden und zurückprallen. Das ist ein Horror für das Nervenkostüm feinfühliger, medialer Menschen. Ich beeilte mich, in mein Zimmer zu kommen, das im Parterre lag und direkt in den Felsen hineingebaut war. Ich verkroch mich regelrecht in die Energie des Felsens und legte dabei meine Hand auf den Stein. So konnte ich die verzerrten, starken Signale des Sendeturms aus meinem Energiekörpersystem in die Erde ableiten.

Es wurde, wie so oft in Hotelzimmern, eine schlaflose Nacht für mich. Dabei achte ich auf unseren Reisen immer sorgfältig darauf, in welches Hotelzimmer ich gehe. Nur wenige Orte sind als Schlafplatz für einen feinfühligen, medialen Menschen geeignet.

Auch für unsere Gruppen und Seminare wählen wir die Hotels sorgfältig aus. Die starken elektromagnetischen Energien in Sedona sind für eine störungsfreie Übernachtung aus meiner Sicht nicht geeignet. Sedona ist auch kein geeigneter Wohnort. Mein Freund George zog dorthin, obwohl ich ihm davon abgeraten hatte. Er ließ sich wie viele Touristen von der Schönheit Sedonas verführen.*

Innerhalb eines Jahres nach seinem Umzug ist George erheblich gealtert. Seine braunen Haare sind in rasantem Tempo schneeweiß geworden. Native Americans wussten schon vor Hunderten von Jahren, warum sie im heutigen Sedona nicht wohnen wollten. Sie kamen nur für besondere Zeremonien hierher.

---

* Der Ort ist benannt nach Sedona Arabella Miller Schnebly (1877–1950), der Frau von Theodore Carlton Schnebly, des ersten Postmeisters des Ortes.

Nahtoderfahrungen

Ich fuhr mit meinem kleinen roten Mofa die Landstraße entlang. Es war um die Mittagszeit und ich war auf dem Weg von der Schule nach Hause. Die Straße war frei. Von Weitem konnte ich den riesigen Lkw sehen, der von rechts kommend auf die Hauptstraße einbiegen wollte. Der übermüdete Fahrer sah sich nach Autos um und auch er glaubte, die Straße sei frei. Ich befand mich auf der Vorfahrtstraße, sah den wartenden Lkw und glaubte, er warte, bis ich vorbeigefahren sei. Als ich genau auf seiner Höhe war, fuhren Hunderte PS auf mich los. Der Scheinwerfer des Führerhauses knallte auf meinen rechten Arm und ich flog im hohen Boden auf den Asphalt und blieb bewusstlos liegen. Mein Mofa war weitgehend unbeschädigt und ich kam zu mir, als Passanten und der Lkw-Fahrer mir aufgeregt auf die Füße halfen. »Entschuldigung, ich hab Sie gar nicht gesehen«, stammelte er. Dann hatte ich einen Filmriss. Ich weiß nicht, wie ich nach Hause gekommen bin, mein Kopf schmerzte und mein rechter Arm war blitzeblau. Meine Mutter brachte mich zum Arzt. Der gab mir eine Salbe und Kopfschmerztabletten und schickte mich wieder nach Hause. An mehr erinnere ich mich nicht. Ich stand unter Schock, was offenbar keiner gemerkt hat. Am nächsten Tag war ich immer noch kreidebleich, wurde aber dennoch in die Schule geschickt. Pflichtbewusstsein ist eine in Deutschland hochgeschätzte Tugend. Ich weiß nicht mehr viel von diesem Tag, außer dass ich im Deutschunterricht saß und nicht mehr ansprechbar war. Immer und immer wieder hatte ich das Bild des Lkw vor Augen, der mich überfuhr. Ich brach zusammen und wurde mit dem Krankenwagen ins städtische Klinikum transportiert.

Ich tauchte in ein schönes dunkles Grün ein. Immer tiefer tauchte ich ein in dieses unendliche, sehr angenehme Grün. Es wurde immer stiller um mich herum, immer leiser, bis ich in der Ferne Klänge wahrnahm, die Schwingungen auslösten. Ich spürte nichts als Geborgenheit, als sei ich zurückgekehrt in den Mutterleib, in den Ursprung, dorthin, wo ich hergekommen war. Erst Jahre später erkannte ich, dass es der Erzengel Raphael gewesen sein muss, der mich auf diese Reise mitnahm.

Schwerelosigkeit war das nächste Gefühl, das ich wahrnahm. Ich schwebte wie ein Embryo in der Fruchtblase. Ich folgte dem weißen Licht zu einem großen Tor und flog hindurch in eine andere Dimension. Kinderstimmen lachten in der Ferne. Hier war alles angenehm, behutsam, umsichtig. Ich traf mehrere Lichtmenschen in langen Gewändern, die offenbar auf mich gewartet hatten und mich genau betrachteten. Ich wurde an einen Tisch geführt, auf dem ein aufgeschlagenes Buch lag. Ich sah auch so etwas wie ein Lichtarmband mit einer Uhr, auf der noch viele Stunden und Minuten zu sehen waren. Drei weiße Lichtgestalten schienen sich zu beraten, was sie mit mir tun oder mir sagen sollten. *Bleib und setz dich zu uns,* sagte der wichtigste Entscheidungsträger. *Du bist noch nicht fertig. Auf dich warten noch viele Menschen, denen du zeigen darfst, dass sie Liebe sind, genau wie du.*

Dann hörte ich ein Glöckchen klingeln und noch mehr Lichtgestalten kamen dazu. Es sah aus, als gäbe es einen Grund zu feiern. *Wir feiern die Ankunft in der neuen Zeit und du wirst wieder auf die Erde gehen und davon erzählen. Wenn es so weit ist, wecken wir dich. Nun schlaf schön, mein Kind,* sagte Gott zu mir.

Als ich in meinem Krankenzimmer aufwachte, sah ich die drei anderen Frauen, die das Zimmer mit mir teilten. Die eine hatte eine große Narbe am Kopf, eine alte Oma war ans Bett gefesselt und eine dritte Frau hing wie ich am Tropf. Hier wollte ich nicht bleiben. Ich sehnte mich dorthin zurück, wo ich gerade hergekommen war. Die Ärzte erklärten meinen Eltern, dass ich eine lebensgefährliche Gehirnblutung überlebt hatte. Wie durch ein Wunder hatte sich das Gerinnsel von selbst aufgelöst und die bereits angeordnete Operation war mir erspart geblieben. Nach zwei Wochen Krankenhaus konnte ich wieder nach Hause.

Ich wusste damals nicht, was eine Nahtoderfahrung ist oder bedeutet, und ich erzählte keinem davon. Doch die Wahrnehmung der geistigen Welt, die ich schon als Kind hatte, verstärkte sich nach diesem Erlebnis immer mehr. Jedes Mal wenn ich mit meiner Familie in der Innenstadt unterwegs war, schüttelte ich mich, wenn ich mit den Schattenmenschen in Berührung kam. Sie waren für die anderen unsichtbar. Nur ich spürte, wie sie mich quasi anrempelten und es mir dann eiskalt über den Rücken lief. Mein Vater sagte nur: »Hör auf mit dem Quatsch.« Es war aber nichts, was ich zu der Zeit hätte verstehen oder gar ändern können. Niemand hatte mich über die andere Welt oder in energetischer Abgrenzung unterrichtet (siehe Übung 18).

Jetzt, Jahrzehnte später, ist das Interesse an Nahtoderfahrungen auch in der breiten Bevölkerung stark gestiegen. Das ist ein erfreuliches Zeichen für die Bewusstseinsveränderung auf diesem Planeten.

Der renommierte Neurochirurg und Harvard-Dozent Dr. Eben Alexander hat einen spannenden Bestseller geschrieben, in dem er über seine eigene Reise in das Leben nach dem Tod berichtet (*Blick in die Ewigkeit*, München 2013). Er war an einer seltenen Hirnhautentzündung erkrankt und fiel ins Koma. Sein baldiges Ableben wurde von den Ärzten prognostiziert. Auch er wurde von einem Engelwesen begleitet und tauchte in eine Welt ohne Zeit und Raum ein. Er kam zu der Erkenntnis, dass wir alle Teil eines universalen unsterblichen Bewusstseins sind. Das ist aus meiner Sicht die wichtigste Botschaft, die wir aus den wundervollen Erzählungen über Nahtoderlebnisse mitnehmen können.

Auch Anita Moorjani hat ein interessantes Buch über ihre Nahtoderfahrung geschrieben (*Heilung im Licht*, München 2012). Sie war an Krebs erkrankt und lag im Sterben. Als sie das Bewusstsein verlor, fand sie sich plötzlich in einem jenseitigen Raum aus Licht wieder und gewann Erkenntnisse über unsere göttliche Natur. Sie kehrte ins Leben zurück und wurde zur Überraschung aller Ärzte vollständig gesund. Anita zitiert den schönen Satz von John Burroughs (1837-1921): *The Kingdom of Heaven is not a place, but a state of mind* (»Der Himmel ist kein Ort, sondern ein Zustand«). Dem stimme ich aus tiefstem Herzen zu, doch aus meiner heutigen Sicht muss man nicht erst sterben oder eine Nahtoderfahrung machen, sondern kann sich durch ein bestimmtes Bewusstsein und entsprechende Schwingungsfrequenzen jederzeit ein paradiesisches Leben auf der Erde erschaffen, beispielsweise mit Cosmic Recoding.

Es gibt ganz bestimmt ein Leben auf der anderen Seite und daher auch keinen Tod. Die Reise geht nur in einer anderen Form weiter. Das weiß ich ganz sicher, nicht nur, weil ich selbst schon zweimal auf der anderen Seite war und wieder zurückgeschickt wurde, sondern auch, weil ich regelmäßig mit Seelen auf der anderen Seite kommuniziere und mich energetisch zwischen den Dimensionen hin- und herbewegen kann.

Meine zweite Nahtoderfahrung war anders. Ich war inzwischen Anfang dreißig und erfolgreiche Unternehmensberaterin. Seit vielen Jahren war ich für die größte Beratungsfirma Europas international im Einsatz. Mein klarer Verstand und besonders meine gute Intuition haben sich zu dieser Zeit als hilfreich für die strategischen Entscheidungsprozesse meiner Klienten erwiesen. »Woher haben Sie das gewusst? Wie haben Sie das ahnen können? Wie haben Sie das gemacht?«, waren Fragen, die mir von Unternehmensvorständen regelmäßig gestellt wurden.

Alles lief wie geplant in meinem Leben. Ich hatte einen guten Beruf, eine tolle Familie, ein süßes Baby, bis mich wie aus dem Nichts eine lebensbedrohliche Krankheit traf, von der ich vorher noch nie gehört hatte.

»Sie haben noch vier Wochen zu leben«, sagte der Professor, als er mein Blutbild betrachtete. Natürlich dachte ich zunächst an einen Irrtum. Vielleicht hatte es eine Verwechselung im Labor gegeben. Schlimmes passiert immer anderen, nicht mir … Diesmal eben doch!

Nach der niederschmetternden Diagnose wurde mir Bettruhe verordnet und ich wurde nach Hause geschickt. Monatelang war ich arbeitsunfähig. Ich befand mich in dieser Zeit häufig wie in einem Schwebezustand. Meine Seele verließ den Körper und trat wieder in ihn ein, und das immer wieder – hin und her, hin und her. Dabei ging jedes Mal etwas mehr von der Person verloren, die ich bisher gewesen war, von dem, was mich auf der irdischen Ebene definierte.

Werde ich wieder gesund? Werde ich weiterleben? Muss ich doch schon gehen? Das ergibt keinen Sinn. Wieso soll ich gehen, wo ich doch erst vor wenigen Monaten Mutter geworden bin? Meine Gedanken kreisten wie in einem Nebelfeld, während die Energie meiner Seele mit meinem Körper zu tanzen schien.

Es war kein Unfall, der mich diesmal plötzlich auf die Schwelle des irdischen Todes geführt hatte, es war eine Krankheit. Ein langer Moment in diesem Schwebezustand zwischen den Welten lief wie in Zeitlupe ab.

Ich war auch an diesem Tag in meinem Schlafzimmer und betete, doch auf einmal fühlte ich mich dabei beobachtet, obwohl ich ganz allein war. Ich sah einen großen Engel, der genau vor mir an meinem Bett stand und zu mir sprach. Eine sanfte, einfühlsame Stimme nahm ich wahr, jedoch nicht mit meinen Ohren. Ich empfand es damals als Telepathie oder Eingebung. *Du bist ich, ich bin du.* Das war die Ebene der Verständigung, die mir in den folgenden Jahren in der Kommunikation mit den Engeln immer vertrauter wurde. Die Botschaft des Engels lautete:

Weitermachen wirst du, aber nicht wie bisher.
Bleiben darfst du, doch es wird schwer.
Fange an zu leben, was deinem Wohl entspricht.
Hier an diesem Ort ist es nicht.

Der Engel sprach weiter zu mir, und ich kehrte immer mehr in meinen Körper zurück, den ich schon zum großen Teil verlassen hatte. Ich erinnere mich nicht mehr an viele seiner Worte, doch auf der Seelenebene wurde alles in Form von Lichtcodes gespeichert, inklusive aller Bücher und Heilmethoden, die ich Jahre später auf die Erde bringen sollte.

In Kontakt mit der Quelle der Liebe

Das Überleben meiner schweren Krankheit und die tägliche Anwesenheit der Engel haben mein Bewusstsein sehr verändert. Immer mehr erkannte ich, dass die sogenannte reale Welt eine Illusion ist, ein Irrgarten mit Zerrspiegeln, in denen wir uns zwar widerspiegeln, die uns aber nicht erlauben zu sehen, wer wir wirklich sind.

In täglichen Meditationen begab ich mich mit den Engeln auf innere Reisen. Sie führten mich durch frühere Inkarnationen; zeigten mir Rollen, die ich schon als Kind gespielt hatte, um Liebe zu bekommen, wie es viele Kinder tun; durch tiefe emotionale Schichten, durch Enttäuschung und Schmerz, verletzte Gefühle, Überzeugungen, Glaubensmuster und Ängste. Die größte Angst der meisten Menschen ist, allein, ungeliebt und getrennt von Gott zu sein, der Quelle der Liebe. Es ist die Urangst, bei der ich eines Tages angekommen war. Die Engel hatten mich darauf vorbereitet, durch den Ursprungsschmerz aller Inkarnationen zu gehen.

Ich wollte frei sein von allen Ängsten, am besten sofort. *Bist du dir ganz sicher?*, fragten die Engel. Ganz mutig und auch naiv in dieser Hinsicht wollte ich unbedingt noch an diesem Tag frei werden von allen Ängsten. Ich begann meine Meditation wie immer im Sitzen. Es dauerte jedoch nicht lange, bis mir sehr heiß wurde und ich vor meinem geistigen Auge nicht nur Bilder sah, sondern ganze Filme, die rasant schnell abliefen und in denen ich einer der Hauptdarsteller war. Es ging um alle schrecklichen Themen, mit denen es ein Mensch nur zu tun haben kann und die ich hier gar nicht näher ausführen möchte. Mir wurde immer heißer, und ich bekam Fieber. Es war mir unmöglich, allein aufzustehen und ich konnte nur noch im Bett liegen. Eine ganze Woche lang hatte ich es mit Fieber und allen Formen der körperlichen Reinigung und Entleerung zu tun. Ich bedauerte meinen anfänglichen spirituellen Eifer und bat die Engel, die Transformation von nun an doch bitte sanft geschehen zu lassen. Sofort sah ich ein goldenes Tuch vor meinem geistigen Auge, mit dem die Engel mir den Schweiß von der Stirn wischten. Dann fiel ich in einen tiefen Schlaf.

Ich erinnere mich, dass ich im Traum meinen Körper verließ und dann auf einer alten Schulbank in einem Klassenzimmer saß. Überall auf den Bänken neben mir saßen andere Schüler in weißen Gewändern und der Unterricht hatte schon angefangen. *Warum bin ich hier?*, fragte ich mich. Die Antwort kam von unserem Lehrer: Ich wurde auf das Interview vorbereitet. Im nächsten Moment saß ich draußen auf einer Parkbank, spürte wie mein Herz in tiefer Trauer schmerzte und weinte bitterlich. Neben mir nahm ich auf einmal einen Engel wahr. *Warum weinst du?*, fragte er. *Hast du vergessen, wer du bist?* Ein tiefer Schmerz durchbohrte mein Herz. Ich hatte tatsächlich vergessen, wer ich bin, wo ich bin, warum ich überhaupt auf dieser Bank saß und was diese ganze Erfahrung bedeuten sollte.

»Warum bin ich durch so viele Schmerzen gegangen? Warum gibt es überhaupt so viel Leid«, fragte ich den Engel an meiner Seite. Der Engel sagte: *Der Schmerz, den ihr als Menschen emp-*

findet, hat die gleiche Funktion wie ein Wecker. Er soll euch erinnern und aufwecken aus der Illusion. Die göttliche Kraft ist in allen Menschen. Es ist die Seele, die Energie der Liebe. Du brauchst nicht nach ihr zu suchen, sondern darfst dich einfach nur erinnern. Schau in dein Herz!

Als ich aufgrund meiner körperlichen und geistigen Erschöpfung endlich loslassen konnte, was ich so lange mit großen Schmerzen festgehalten hatte, und in mein Herz schaute, passierte es: Ich tauchte durch die lang verschlossenen Tore meines Herzens in ein gleißend goldenes Licht ein, in die Seele, die göttliche Quelle der Liebe. Alles löste sich auf. Ich hatte keine Form mehr. Ich war nur noch reines Bewusstsein. Friedvoll, frei, unendlich. Ich bin alles, ich bin nichts. Ich bin eins mit allem, was ist. Es gab keine Trennung mehr. Es gab keine Angst mehr, es gab keinen Schmerz mehr. *Ich bin Liebe.* Das war die heilsame Erkenntnis der Wahrheit. Endlich erinnerte ich mich wieder. Endlich war ich wieder in Kontakt mit der Quelle der Liebe in mir. Ich spürte eine neue Lebenskraft, die ich vorher so noch nie gespürt hatte. Auch körperlich erholte ich mich wieder. Ich fühlte mich wie neugeboren.

Diesen Kontakt, diese Einheit mit der Quelle der Liebe mache ich mir jeden Tag erneut bewusst. Es ist diese Einheit mit der Quelle der Liebe, die es jedem möglich macht, bewusster Schöpfer seines Lebens zu sein. Mediale Botschaften zu empfangen ist ganz einfach. Es sind quasi Selbstgespräche – Gespräche mit dem göttlichen Selbst auf der Seelenebene. Das ist so ähnlich wie wenn ein Wassertropfen mit einem anderen auf der gemeinsamen Schwingungsfrequenz kommuniziert. Sie sind nicht wirklich getrennt, sondern eins im großen weiten Meer. Es ist so wie Pflanzen miteinander kommunizieren und auch alles andere, was Seele ist oder, wie die Native American sagen, *Spirit*.

Feinfühlige und mediale Menschen können ihre Fähigkeit, mit Spirit zu kommunizieren, sehr leicht ausbauen. Beachten sollte man jedoch, dass die Basis für diese Kommunikation stets die Frequenz der Liebe ist.

Kontakt mit dem Jenseits

Manchmal muss ich über mich selber schmunzeln. Als Medium fällt es mir leicht, mit allem, was ist, zu kommunizieren, doch wenn es darum geht, mit den neuen Handys oder Smartphones zu kommunizieren, bin ich, wie man so schön sagt, »hinterm Mond geblieben«. Als Unternehmensberaterin habe ich die größten Telekommunikationskonzerne der Welt beim Aufbau ihrer internationalen Führungsstruktur beraten, aber ein Handy habe ich nie benutzt. Meine hohe Sensibilität für elektromagnetische Frequenzen hat mich immer davon abgehalten, mir stundenlang so ein Gerät an den Kopf zu halten, wie es in der westlichen Welt inzwischen üblich ist.

Nun wollte mir mein Teenager etwas aus der Schule texten und musste kopfschüttelnd feststellen, dass ich gar nicht wusste, wie das geht. Wir hatten bisher immer telepathisch kommuniziert und damit war ich auch zufrieden. Doch je älter er wurde, desto weniger lustig fand er es, dass ich immer schon vorher wusste, welcher von seinen Freunde anrief oder zu Besuch kam, dass der Unterricht ausfiel, weil der Lehrer krank war usw. »Mama hat einfach immer recht«, stellten meine Familienmitglieder unwirsch fest.

Ich beschloss also, auf Wunsch meines Sohnes texten zu lernen. Bei unserem nächsten Besuch in einem Großmarkt überließ ich meinem Mann den Einkauf und begab mich in die

Handy-Abteilung. Die vielen verschiedenen Anbieter, Apparate und Funktionen überwältigten mich, aber trotz des für mich irritierenden Elektrosmogs, der schrillen Musik und der ständigen Lautsprecherdurchsagen marschierte ich tapfer durch die Regale, bis mich ein anderer Kunde ansprach, weil er wohl sah, dass ich durch das Selbststudium aller Informationsschilder versuchte, meine Handy-Bildungslücke zu schließen. Der Mann war sehr nett und hilfsbereit. Er fragte, was genau ich denn suche. »Ein Handy zum Texten« war alles, was ich sagen konnte. »Das ist überhaupt kein Problem«, sagte er und fing an, mir die technischen Grundfunktionen eines Smartphones zu erklären.

Mitten in unserem Gespräch hörte ich, wie eine klare Stimme zu mir sagte: *Hallo, hier ist Leslie, bitte sag meinem Mann Andy, dass er sich keine Vorwürfe mehr machen soll.* Es passiert nicht oft, dass ich Botschaften aus der geistigen Welt empfange, wenn ich nicht ausdrücklich von Klienten darum gebeten werde. Das geschieht eigentlich nur dann, wenn wirklich großer Heilungsbedarf besteht. Es war also offensichtlich dringend.

Ich fragte meinen Gesprächspartner vorsichtig, ob ihm der Name Andy etwas sage. Erstaunt schaute er mich an und sagte: »Ja, das bin ich. Ich heiße Andy.« Er fragte, woher ich das denn wisse. Da erklärte ich ihm, ich sei ein Medium für die geistige Welt. Er reagierte sehr aufgeschlossen und erzählte, er sei selbst schon einmal für eine Sitzung zu einem Medium gegangen. Da er Interesse und Offenheit signalisierte und ich die Anwesenheit dieser Seele intensiv spürte, traute ich mich, ihm zu sagen, dass ich eine Botschaft für ihn hatte, von Leslie. Als er den Namen hörte, stiegen ihm sofort Tränen in die Augen. Leslie war seine Frau, die vor sechs Monaten bei einem Autounfall ums Leben gekommen war. »Bitte sag mir, welche Botschaft du für mich hast?«, bat er. Ich nahm also Kontakt zu Leslie auf. Es schien, als seien wir mitten in diesem großen Markt in unsere eigene Welt eingetaucht. Alles um uns herum wurde still und unbedeutend.

Ein Feld aus Liebe hatte sich aufgebaut, und ich durfte Leslies Botschaften an Andy weitergeben. Er machte sich immer noch Vorwürfe, dass er seine Frau an diesem Tag nicht wie üblich zur Arbeit gefahren hatte. Er war zu Hause geblieben, weil die kleine Tochter krank war und nicht zur Schule gehen konnte. Leslie war bei hoher Geschwindigkeit mit dem Auto von der nassen Fahrbahn abgekommen und in den Graben gerutscht. Der Wagen hatte sich mehrmals überschlagen, und sie war noch an der Unfallstelle gestorben.

Andy stand tränenüberströmt vor mir, als mein Mann mich endlich zwischen den Regalen entdeckte und nur meine abwinkende Handbewegung sah, die so viel hieß wie: Bitte jetzt nicht stören! Er erkannte die Situation und ging an mir vorbei. Es kamen noch weitere heilende und liebevolle Botschaften von Leslie, die Andy mit dem Geschehenen versöhnten. Er bedankte sich herzlich bei mir und ich dankte ihm für seine Hilfsbereitschaft mir gegenüber. Wir waren beide Kommunikationsexperten, aber auf ganz unterschiedliche Art und Weise.

Kommunikation mit Verstorbenen

Was sich viele Menschen kaum vorstellen können, ist für mich ganz normal: mit den Seelen der sogenannten Verstorbenen zu kommunizieren, die in Wirklichkeit gar nicht weg sind. Sie melden sich bei ihren Hinterbliebenen. Sie machen sich bemerkbar, sie geben Zeichen. Als Medium kann man ihre energetischen Signale aufnehmen und auf diese Weise mit ihnen kommunizieren.

Meine Klientin Sue Ellen war Mitte sechzig. Ihr Mann Jason war vor kurzer Zeit verstorben, und sie kam zu mir mit dem Wunsch, Kontakt mit seiner Seele aufzunehmen. Sie war ziemlich sauer auf ihn, und ich fragte nach dem Grund. »Ich bin auch medial«, sagte sie. »Jason hat mich nach seinem Ableben mehrfach besucht. Er versprach, mir finanziell zu helfen, und ich habe ihm vertraut.« Nachdem sich ihre anfängliche Aufregung gelegt hatte, erzählte sie mir von Jasons letztem energetischem Besuch. Er war Alkoholiker gewesen und ein leidenschaftlicher Spieler, der alle finanziellen Reserven seiner Familie aufgebraucht hatte, bevor er kurz vor Weihnachten verstarb. Sue Ellen beschrieb, wie sie in einem kleinen Ritual zu seiner Seele Kontakt aufgenommen und er ihr mitgeteilt hatte, sie solle nach Las Vegas reisen. Er werde sie beglei-

ten und ihr helfen, beim Roulette auf die richtigen Zahlen zu setzen. Damit wäre sie für immer versorgt. Erfreut über diese Botschaft aus dem Jenseits, lieh sich Sue Ellen eine größere Geldsumme bei ihrer Schwester und fuhr nach Las Vegas. Sie war aufgeregt und spürte deutlich, dass die Seele ihres Mannes bei ihr war. Sie hörte seine Stimme in ihrem Kopf, während sie die riesige Spielhalle im Casino Hotel betrat. Dort stehen Hunderte von geräuschvoll blinkenden Spielautomaten und so mancher Spielsüchtige hofft auf den ganz großen Gewinn, während er immer mehr Geld in die Automaten wirft. Auch die Black-Jack- und Roulette-Tische locken und heute wollte Sue Ellen ganz gegen ihre persönlichen Gewohnheiten dort gewinnen. Sie war sich zu hundert Prozent sicher, dass sie gewinnen würde, denn Jason kommunizierte mit ihr aus dem Jenseits. Er zeigte ihr bestimmte Zahlen, rote und schwarze, und sie setzte Hunderte von Dollar. Es war aufregend und zehrte an ihren Nerven. Sie gewann und verlor. Sie gewann mehr und verlor wieder. Sie wurde nervös und zweifelte an ihren eigenen medialen Fähigkeiten.
»Ich habe an dem Tag 4000 Dollar verloren«, schluchzte sie. »Was ist bloß falsch gelaufen?«, wollte sie von mir wissen. Ich nahm Kontakt zu Jasons Seele auf und nahm sofort Alkoholgeruch und Zigarrenqualm wahr. Er entschuldigte sich bei Sue Ellen und versprach, es wiedergutzumachen. »Genau das hat er zu Lebzeiten auch immer gesagt«, schluchzte sie und war sichtlich verzweifelt. Ich dankte der Seele von Jason und verband mich mit Erzengel Raphael, der auf einer wesentlich höheren Energiefrequenz schwingt. Ich legte meine Hände auf und machte eine Quantum-Engel-Heilung für ihr Herz, denn das war

es, was sie wirklich brauchte. Ich erklärte Sue Ellen, dass eine Seele nicht automatisch allwissend ist oder Zukunftsprognosen stellen kann, nur weil sie auf der anderen Seite ist. Jason war der gleiche Trinker und Spieler wie zuvor, nur eben nicht mehr in einem physischen Körper.

Meine Aufgabe ist es, neues Bewusstsein und Methoden zur liebevollen Selbstheilung in die Welt zu bringen und Menschen an ihr eigenes Schöpferpotenzial zu erinnern. In einigen Fällen ist die Kommunikation mit Verstorbenen Teil der Behandlung, etwa bei Angela, der Mutter einer vierjährigen Tochter und eines zwölfjährigen Sohnes.

Vor drei Monaten war Angelas Leben durch den plötzlichen Autounfall ihres Mannes wie ein Kartenhaus in sich zusammengestürzt. Jörg war auf eisiger Fahrbahn mit einem entgegenkommenden Lkw zusammengeprallt und sofort an der Unfallstelle gestorben. Tobias, ihr zwölfjähriger Sohn, war mit im Unfallauto gewesen. Der Junge hatte sich zwei Rippen gebrochen, ansonsten aber nur ein paar Prellungen und Schnittverletzungen davongetragen. Natürlich hatte er einen enormen Schock erlitten. Er sprach seitdem kein Wort mehr, war lethargisch und starrte immer nur ins Leere. Die kleine Tochter, der Sonnenschein der Familie, hatte ihre Mutter zu mir geführt. Sie nannte mich die »tolle Engelfrau«, wie sie es im Kindergarten von einer Kindergärtnerin gehört hatte, die bei mir in der Ausbildung zur Quantum-Engel-Heilerin gewesen war. Alicia ist hellsichtig und kann mit Engeln sprechen. Sie wusste intuitiv, dass ihre Mama und ihr Bruder mithilfe der Engel Heilung finden konnten.

Angela war erschöpft und nicht sicher, ob sie bei mir richtig war, aber sie suchte nach Antworten und hoffte auf eine Botschaft von ihrem verunglückten Mann. Nach einem kurzen Gespräch und einem Gebet, nahm ich Kontakt mit Jörg auf, der Botschaften für seine Familie hatte. Er erzählte, dass er das Kinderzimmer von Alicia selbst gestrichen habe, in Zitronengelb, und dass er die quietschende Tür ein paar Tage vor dem Unfall mehrfach geölt habe. Angela war erstaunt über diese präzisen Angaben und konnte sich nun auch erlauben, Jörgs Energie im Raum zu spüren. »Papa ist hier«, sagte die kleine Alicia und brachte ihren Bruder sofort zum Weinen. Er konnte seit Monaten weder weinen noch über den Unfall sprechen. Der tiefe Schmerz steckte in seiner Brust und schnürte ihm den Hals zu.

Jörgs Botschaften richteten sich auch direkt an Tobias, der sich selbst bestrafte, weil er sich die Schuld an dem Unfall gab: *Tobias, ich danke dir für das schöne Geschenk, das du mir gemacht hast. Du bist der tollste Sohn, den man sich wünschen kann. Ich werde immer bei dir bleiben und dir auch beim Fußballspielen zuschauen. Danke für das Bild, das du mir gemalt hast. Ich trage es bei mir.*

Tobias wusste genau, welches Bild gemeint war, nämlich das Bild, das er in der Schule für seinen Vater gemalt hatte und das er ihm Sekunden vor dem Unfall im Auto gezeigt hatte. Tobias fing wieder an zu weinen und seine Mutter nahm ihn liebevoll in den Arm. »Ich will nicht, dass Papa tot ist«, schrie er plötzlich ganz laut. Endlich war es ihm möglich, die Energie des Schmerzes auch verbal nach außen zu lassen.

Gemeinsam mit vielen lichtvollen Helfern aus der geistigen Welt, durfte ich der Familie bei ein paar weiteren

QEH-Terminen helfen. Der Heilungs- und Trauerprozess dauerte noch viele Monate, doch die Energie der Liebe machte in dieser Zeit viele Wunder möglich. Alicia konnte nun Botschaften von ihrem Papa weitergeben, ohne dass Mutter und Bruder mit Kopfschütteln reagierten. Angela gewann wieder an Kraft und bekam aus der Nachbarschaft die Unterstützung für Haushalt und Garten, die sie für ihr Leben als alleinerziehende und berufstätige Mutter von zwei Kindern brauchte. Tobias lebte sichtlich auf. Und am Ende der Saison wurde er von seinem Fußballverein zum besten Spieler gekürt.

TEIL 2

Mediale Lebenspraxis

In der sogenannten westlichen Welt hat das Interesse an Spiritualität, Medialität, Übersinnlichem, paranormalen Fähigkeiten und energetischen und geistigen Heilverfahren stark zugenommen. Es sind keine Tabuthemen mehr, das Erwachen der Menschheit ist Realität. Viele Menschen haben den Wunsch, selbst Zugang zu bekommen zu grenzenlosem Wissen, zu geistigen Welten, zu Heilenergien, zu dem schlummernden Potenzial der eigenen Fähigkeiten. Doch woher weiß man, ob man ein Medium ist? Welchen Einfluss haben diese Fähigkeiten auf den Alltag? Wie findet die sichere Kontaktaufnahme statt?

Ich habe unter Anleitung der geistigen Welt Tausenden von Seminarteilnehmern beigebracht, ihre intuitiven und energetischen Fähigkeiten bewusst selbst zu nutzen. Die Ära, in der man über die sensationellen Botschaften anderer »Medien« staunte und an den eigenen Fähigkeiten zweifelte, ist vorbei. Ich nehme dich gern an die Hand und zeige dir, wie du dein mediales Potenzial, das bisher ungenutzt vor sich hin geschlummert hat, praktisch anwenden kannst. Du hast das Recht, deine intuitiven Fähigkeiten und liebevollen Energien weiterzuentwickeln und sie im täglichen Leben zu deinem Wohl und zum besten Wohle aller einzusetzen. Der alte Schleier aus Angst, Unfreiheit, Schuld, Bestrafung und Kontrolle darf aufgelöst werden. Dein Licht darf und soll endlich kraftvoll strahlen. Bist du bereit?

Selbsttest: Bin ich ein feinfühliges Medium?

1. Ich fühle genau, wie es anderen Menschen geht.
2. Ich fühle in meinem eigenen Körper, wenn anderen etwas wehtut oder sie sich verletzen.
3. Ich fühle, wenn in der Welt etwas Schlimmes passiert ist, bevor die Nachrichten davon berichten.
4. Ich fühle mich häufig missverstanden, weil ich mehr Dinge und Energien wahrnehme als andere.
5. Ich fühle mich unwohl in großen Menschenansammlungen.
6. Ich weiß oft, wer dran ist, bevor das Telefon klingelt.
7. Ich weiß ganz genau, wann im Straßenverkehr Gefahr droht. So konnte ich schon Unfälle rechtzeitig verhindern.
8. Ich weiß genau, welche Nahrungsmittel, Kleidungsstücke, Möbel mir guttun und welche nicht.
9. Ich weiß vorher, ob ein Termin/Event abgesagt wird, ohne dass es dafür einen für andere ersichtlichen Grund gibt.
10. Ich weiß einfach, wo die Ursachen für Probleme liegen. Andere fragen mich oft um Rat.
11. Ich sehe das Energiefeld (die Aura) anderer Menschen, Tiere und/oder Pflanzen.
12. Ich sehe Wesen aus der geistigen Welt in Form von Schatten, Lichtkugeln und Bewegungen aus dem Augenwinkel.

13. Ich sehe Ereignisse unabhängig von Zeit und Raum, auch aus der Vergangenheit und/oder Zukunft.
14. Ich sehe die Seelen von verstorbenen Menschen und Tieren.
15. Ich sehe Bilder vor meinem geistigen Auge.
16. Ich höre die Gedanken und Namen anderer Menschen, auch wenn sie nicht laut ausgesprochen werden.
17. Ich höre manchmal einen hohen Pfeifton in meinem Ohr.
18. Ich höre Botschaften und Stimmen aus der geistigen Welt (z.B. von Engeln und Seelen).
19. Ich höre, wenn die Naturwesen, Bäume, Blumen, Felsen und die Elemente (Erde, Wasser, Feuer, Luft) mit mir sprechen.
20. Ich höre oft ein Lied oder Musik in meinem Kopf.

Auswertung

Wenn mehr als zehn dieser Aussagen auf dich zutreffen, bist du wahrscheinlich medial begabt und sehr feinfühlig, vielleicht sogar hochsensibel. Schau dir an, in welcher Kategorie der medialen Sinne du die meisten Zustimmungen hast.

Kategorie 1-5: Mediales Fühlen
Kategorie 6-10: Mediales Wissen
Kategorie 11-15: Mediales Sehen
Kategorie 16-20: Mediales Hören

Die Antwort auf die Frage »Bin ich ein feinfühliges Medium?«, kann nicht einfach ja oder nein lauten. Wichtig ist zu verstehen, dass alle Menschen die Fähigkeit zur feinfühligen, medialen

Wahrnehmung besitzen und dass es unterschiedliche Wahrnehmungskanäle gibt (wie oben dargestellt). Manche Menschen unterliegen dem Irrglauben, keine medialen Fähigkeiten zu haben, nur weil sie die Aura nicht sehen können oder bei der geistigen Kommunikation keine Botschaften in Form von Bildern erhalten. Dabei sind sie vielleicht schon seit ihrer Kindheit Meister im medialen Fühlen. Du kannst dir die Fragen noch einmal durchlesen und dabei zurück in die Vergangenheit gehen. Wie war es in deiner Kindheit? Seit wann ist dir deine mediale Wahrnehmung bewusst?

Die meisten Kinder sind in den ersten Lebensjahren hellsichtig und hellfühlig. Besonders die Kinder der neuen Zeit, die ich Lichtkinder nenne, haben ausgeprägte mediale Fähigkeiten auf allen Wahrnehmungskanälen. Zum besseren Verständnis dieser medialen Kinder habe ich einen Ratgeber für Eltern und Lehrer geschrieben (*Quantum-Engel-Kinder*, München 2008).

Es kann sein, dass deine medialen Fähigkeiten in der Kindheit besonders ausgeprägt waren und dann verschüttet wurden, oder dass sich deine Wahrnehmungskanäle erst in den letzten Jahren durch die Schwingungserhöhung der Erde und die Frequenzerhöhung deines Energiefeldes weiter geöffnet haben. Von entscheidender Bedeutung ist, dass du deine medialen Fähigkeiten im Alltag bewusst einsetzen, deine Kanäle also sowohl öffnen als auch schließen kannst. Alles andere kann zu Missverständnissen, zu Komplikationen und sogar zu psychischen Erkrankungen führen.

Daher geht es mir in diesem Buch zunächst um das bewusste Kennenlernen und die Ausbildung deiner Wahrnehmungskanäle. Danach lege ich den Schwerpunkt auf das bewusste Schließen der Wahrnehmungskanäle.

Zusatzfragen

Wenn du dir über dein Testergebnis noch nicht ganz im Klaren bist und du dich in keiner der Aussagen eindeutig wiederfinden konntest (weil du in keine Kategorie passt), helfen dir vielleicht die folgenden Zusatzfragen weiter. Sie deuten auf deine Feinfühligkeit und dein mediales Potenzial hin, wenn du sie überwiegend mit Ja beantworten kannst.

1. Bekommst du eine Gänsehaut, wenn du die Wahrheit hörst?
2. Hast du Träume, die später wahr werden? X
3. Hast du Visionen und Vorahnungen? X
4. Spürst du heilende Energien in deinen Händen? X
5. Reagierst du empfindlich auf Schmerzen, Gerüche und laute Geräusche?
6. Liebst du Gerechtigkeit und Harmonie in deinem Umfeld? X
7. Brauchst du oft Ruhe und Rückzug? X
8. Verhältst du dich in größeren Gruppen eher reserviert oder gar abweisend? X
9. Kommt dir ein Einkaufsbummel in der Stadt oft anstrengend oder überwältigend vor? X
10. Bist du durch den Kontakt mit anderen Menschen manchmal wie ausgelaugt? X

Trainieren der vier medialen Sinne

Gibt es Menschen, bei denen alle medialen Sinne und Wahrnehmungskanäle gleich stark ausgeprägt sind? Ja, das ist möglich, vor allem wenn diese Personen einen Beruf ausüben, in dem das Praktizieren der medialen Wahrnehmung sozusagen Alltag ist, etwa bei Energieheilern und Medien. Ein Konzertpianist, der auf Welttournee geht, ist auch versierter im Klavierspielen als jemand, der ein Klavier im Wohnzimmer stehen hat, auf dem er höchstens mal zu Weihnachten ein Lied spielt. Übung macht den Meister. Wer sehr viel Stress in seinem Leben hat und insgesamt eher kopfgesteuert ist, wird länger üben müssen als beispielsweise ein Yogalehrer, der durch Atem- und Körperübungen mit anderen Bewusstseinszuständen vertraut ist.

Jeder Mensch hat die Möglichkeit, seine medialen Fähigkeiten auszubauen. Dies ist jedoch einfacher und effizienter, wenn man sich auf den Empfangskanal konzentriert, der bereits am klarsten ist. Wenn Menschen hellfühlig sind, sollten sie genau die Übungen machen, die das Vertrauen in ihre eigene Art von Medialität weiter stärken. Es macht keinen Sinn, sich darauf zu versteifen, beispielsweise die Aura eines Menschen sehen oder Botschaften hellhörig wahrnehmen zu wollen. Die Erweiterung der anderen medialen Sinne erfolgt automatisch, wenn die Medialität praktiziert wird. Wenn das eigene Energieniveau hoch genug ist, stellen sich die inneren Bilder und medialen Botschaften ganz leicht ein.

Eine ehemalige Seminarteilnehmerin von mir ist Lehrerin und ihre Stärke ist das Korrigieren der Diktate und Hausaufgaben ihrer Schüler. Sie findet jeden Fehler und spürt genau, ob die Schüler den Unterrichtsstoff verstanden haben oder nicht. Ihr Kanal ist das mediale Fühlen, das sie über Jahre trainiert hat, auch in ihrem Beruf. Dennoch stufte sie sich selbst als medialen Versager ein, weil sie aufgrund ihres inneren Perfektionismusprogramms damit gerechnet hatte, ganz schnell hellsichtig und hellhörig zu werden und Engelbotschaften empfangen zu können. Ihre Frustration und ihre innere Wut machten das Aurasehen oder das Empfangen von inneren Bildern völlig unmöglich. Durch diese Emotionen entstehen Energieblockaden, weil die dabei ausgeschütteten Hormone die Funktion der Zirbeldrüse, des sogenannten dritten Auges blockieren.

Entspanntheit, Liebe und Dankbarkeit hingegen sorgen für hohe Schwingungsfrequenzen und erleichtern die Kommunikation mit Lichtwesen. Als ich die »perfekte« Lehrerin darauf hinwies, dass ihre Stärke die Hellfühligkeit sei, und sie sich erinnerte, dass sie schon als Kind die Emotionen ihrer Eltern und Geschwister genau hatte spüren können, war sie glücklich. Sie erkannte, wie klar und zutreffend ihre Informationen sind, auch wenn sie die Aura nicht sehen kann. Sie hörte auf, sich selbst zu bestrafen, und wurde auch nachsichtiger mit ihren Schülern. Sie hat sich sogar Spiele ausgedacht, mit denen sie die unterschiedlichen medialen Fähigkeiten ihrer Schüler noch besser erkennen und sie darin bestärken kann. Je spielerischer die Übungen dieses Buches praktiziert werden, desto schneller zeigen sich Ergebnisse. Medialität kann man nicht erzwingen und sich auch nicht hart erarbeiten. Geh also liebevoll und geduldig mit dir selbst um. Sei auch anderen Menschen gegenüber verständnisvoll. Ihre medialen Stärken sind eben unterschiedlich stark ausgeprägt.

> Für alle, die unter einem Trauma, Depressionen oder psychischen Krankheiten leiden, ist dies nicht der richtige Zeitpunkt zur Erforschung feinfühliger oder medialer Fähigkeiten. Bitte zunächst die eigene Heilung an erste Stelle stellen! Auch Menschen, die Antidepressiva oder andere Psychopharmaka nehmen, rate ich dringend davon ab, die folgenden Übungen durchzuführen.

1. Mediales Fühlen

Ein Erkennungsmerkmal besonders feinfühliger Menschen ist, dass sie ihre Umgebung mit ihren ausgeprägten Sensoren abtasten und genau spüren, ob alles harmonisch, friedlich, aufgeräumt, angenehm und frei von störenden Energien ist. Wenn auf ihrem Gefühlsradar etwas Störendes auftaucht, kann das unangenehme bis schmerzhafte Empfindungen bei ihnen auslösen.

Die medial Fühlenden brauchen ein harmonisches Umfeld und unternehmen oft große Anstrengungen, sich eine emotional stressfreie Umgebung zu schaffen. Oft bringen sie ihre Mitmenschen mit ein paar Witzchen zum Lachen, damit sich die Stimmung ebenso hebt wie die Schwingungsfrequenz. Sie erwarten von ihren Partnern und Familienmitgliedern, dass diese sich genauso um Harmonie in ihrem Umfeld kümmern – und werden leider oft enttäuscht. *Die anderen merken nichts*, schließen sie daraus, und oft betrachten sie Rückzug und Isolation als eine vermeintliche rettende Strategie.

Medial Fühlende sind auch sensibel für Berührungen oder Umarmungen durch andere Menschen. Sofort spüren sie, was mit den »Umarmern« los ist, und nehmen ihre Energien ungewollt in das eigene Energiefeld auf wie ein Schwamm.

Wenn es dir so geht, dann achte gut auf dich! Du musst dich nicht von allen umarmen oder küssen lassen, nur weil das vielleicht in bestimmten Kulturen und Seminaren üblich ist. Wenn du zu viel fühlst und dich vor Impulsen und Schwingungen gar nicht mehr retten kannst, nimm dir unbedingt Zeit für die energetische Reinigung und mache regelmäßig die Übungen 16, 17 und 18. Es ist wichtig, dass du verstehst, was mit dir passiert, denn viele der Spannungen, Ängste, Depressionen etc., die du spürst, sind gar nicht deine. Es sind die Emotionen anderer, die du unbewusst aufgenommen hast.

Meine Seminarteilnehmerin Cindy ist Heilpraktikerin und ausgesprochen hellfühlig. Wenn sie in Berlin von ihrer Altbauwohnung zu ihren Praxisräumen ging, war sie nach dem zehnminütigen Gang durch die Fußgängerzone bereits völlig erschöpft, denn sie hatte die Stress- und Angstschwingungen von Hunderten von Menschen aufgenommen.

Jedes Mal, wenn ihr ein Klient in der Praxis gegenübersaß, spürte sie seine Müdigkeit, seine Wut, seine körperlichen Schmerzen, und zwar so stark, dass sie oft gar keine Behandlung mehr durchführen konnte. Sie hatte ihre Sensitivität nicht unter Kontrolle.

Das ist natürlich nicht Sinn der Sache. Es war also auch für Cindy sehr wichtig, mit ihrer Begabung angemessen umgehen zu können – zu ihrem eigenen Wohl und zum besten Wohle aller.

Es ist häufig so, dass mediales Fühlen auch auf der körperlichen Ebene stattfindet. Der ganze Körper ist wie eine Antenne mit dem Verstärker im Bauch. »Ich verlasse mich ganz auf mein Bauchgefühl«, sagen Menschen, die begabt im medialen Fühlen sind. Idealerweise können sie sich auf ihr Bauchgefühl auch absolut verlassen, es sei denn, es findet aufgrund der oben beschriebenen Aufnahme von Signalen aus dem Umfeld eine Reizüberflutung im vegetativen Nervensystem statt.

In der Bauchgegend befindet sich das Solarplexus-Chakra, das in den östlichen Glaubenssystemen dem emotionalen Empfinden zugeordnet wird. Aus meiner Sicht ist es ein Empfangsbereich von energetischen Schwingungsmustern, die bei medial Fühlenden auf der körperlichen Ebene im Bauchbereich verstärkt registriert werden. Viele Menschen vertrauen ihrem Bauchgefühl als medialem Botschafter. Für sie ist es gleichbedeutend mit ihrer »gefühlten« inneren Stimme. Wenn etwas aus dem Umfeld das emotionale Empfinden negativ beeinflusst, sagt man ja auch, dass es einem auf den Magen schlägt, dass man sich vor Angst in die Hose macht etc.

Winston Churchill hat einmal behauptet: »An bösen Worten, die man ungesagt hinunterschluckt, hat sich noch niemand den Magen verdorben.« Das klingt vielleicht amüsant, aber ich möchte eindeutig widersprechen. Aus meiner Sicht als Energiemedizinerin entsteht durch die Schwingungsfrequenz dieser »bösen Worte« ein Schwingungsmuster, das sich durchaus gesundheitsschädigend auf den Magen auswirken kann. Man spricht daher auch von Stress-Magen und unverdauten Emotionen.

Die von mir ausgebildete QE-Heilerin Rita ist eine ganz sensible, medial fühlende Person. Sie leitet ein Altersheim und kümmert sich mit liebevoller Hingabe um die Bewohner und

Mitarbeiter. Sie hat im Laufe der Zeit gelernt, sich besser abzugrenzen und nicht alles persönlich zu nehmen, was um sie herum geschieht. Seitdem ist sie an ihrem Arbeitsplatz wesentlich ausgeglichener und zufriedener.

Sie hat ihre mediale Fähigkeit gut zu nutzen gelernt und setzt sie in Gesprächen als verlässlichen Wahrheitsdetektor ein. Das funktioniert wunderbar. Immer wenn Rita Signale empfängt, dass die Wahrheit gesagt wurde, und wenn sie in Entscheidungs- oder Konfliktprozessen die geeignete Lösung erspürt, bekommt sie am ganzen Körper »Engelhaut«. Dann rieselt ihr ein Schauer über den Rücken und sie sieht, besonders an den Armen, wie die winzigen Haare abstehen. Für sie ist es keine »Gänsehaut«, sondern eben »Engelhaut« – ihre Art, die Botschaften und Hinweise der Engel medial zu fühlen.

Als sie einmal mit den meisten ihrer Mitarbeiter in einer wichtigen Besprechung war und auf der Station nur noch eine Notbesetzung die Stellung hielt, wurde ihr plötzlich warm und immer wärmer. Rita musste husten und hatte ein merkwürdiges Erstickungsgefühl. »Irgendetwas stimmt hier nicht, wir machen eine kurze Pause«, sagte sie zu ihren Mitarbeitern. »Bitte schaut auf der Station nach, ob alles in Ordnung ist.«

Kurz darauf schlug eine der Pflegerinnen Alarm. Aus dem Zimmer einer Alzheimer-Patientin drang starker Rauchgeruch. Rita bekam sofort eine Engelhaut, als sie die Alarmrufe hörte und rannte los. Intuitiv schnappte sie einen Feuerlöscher und reagierte sekundenschnell auf die gefährliche Situation.

Die Enkelin der alten Dame hatte ein Weihnachtsgesteck mit roten Kerzen gebastelt, das sie an diesem Adventssonntag mitgebracht und angezündet hatte. Als die Besucher gingen, hatten sie einfach vergessen, die brennenden Kerzen wieder zu löschen. Die Patientin selbst konnte dies aufgrund ihrer Erkrankung nicht übernehmen. Das heiße Wachs setzte die Tischdecke in Brand. Rita und die zuständige Pflegerin kamen gerade noch rechtzeitig, um den Zimmerbrand zu löschen und die Fenster zu öffnen. Die Patientin blieb unversehrt. Das mediale Fühlen der Heimleiterin hatte das Schlimmste verhindert.

Übung 2

Klarheit für das Bauchgefühl

Das mediale Fühlen ist der häufigste mediale Sinn und am einfachsten zu entwickeln. Wichtig ist dabei, dass man energetische Klarheit bekommt und die gewünschten eigenen Signale aus allen anderen herausfiltern kann.

- Nimm dir ein paar Minuten Zeit und entspanne dich, indem du mehrmals tief ein- und langsam ausatmest.
- Setze dich bequem hin, mit beiden Füßen auf dem Boden.
- Lenke deinen Atem über den Bauch. Dabei kannst du dir vorstellen, dass dein Bauch einen eigenen großen Mund hat. Bewusst atmest du durch diesen Mund am Bauch tief ein und langsam aus.
- Beim nächsten Einatmen atmest du weißes Licht in deinen Bauch hinein.
- Du hältst den Atem ein paar Sekunden an. Dann gurgelst du das weiße Licht wie beim Zähneputzen als reinigenden Schaum in deinem Bauch umher – und pustest es wieder aus.
- Das Gurgeln des weißen Lichtes kannst du mehrmals wiederholen, bis sich dein Solarplexus leicht und klar anfühlt.
- Dabei pustest du ganz bewusst alle Emotionen aus, die dir nicht

dienen und die du unbeabsichtigt aus deinem Umfeld aufgenommen hast.

Wenn sich dein Bauch nun gut anfühlt, klar und rein ist, kannst du diese Übung erweitern und visualisieren, wie dein ganzes Energiekörpersystem weißes Licht (das liebevolle Licht deiner Seele) einatmet, es wie einen Reinigungsschaum einwirken lässt und langsam wieder ausatmet – so lange, bis du dich rundum klar und wohl fühlst.

Übung 3

Den eigenen Gefühlen vertrauen

In der heutigen, stark technisierten Welt sind wir leider intensiven elektromagnetischen Schwingungen ausgesetzt. Sie gehen von Computern, Fernsehern, Handys und anderen Geräten aus und sorgen dafür, dass das Nervenkostüm ständig bombardiert und strapaziert wird. Wie soll man angesichts dieser Reizüberflutung noch unterscheiden können, was die eigenen Gefühle sind?

Alle Informationen haben ihr eigenes Schwingungsmuster. Dr. Masaru Emoto hat dies anhand von gefrorenen Wassertropfen bzw. Wasserkristallen sichtbar gemacht.

- Nimm ein Glas Wasser und halte es in beiden Händen.
- Setze dich bequem auf einen Stuhl, mit beiden Füßen auf dem Boden.
- Atme tief ein und aus und sende aus deinen Händen Energie in das Wasser mit der Information: *Ich bin Liebe. Ich bin Licht. Ich bin Seele.*
- Ganz leicht und deutlich spürbar fließt die Energie und mit ihr die Information in das Wasser.

Vor dem Gebet

Nach dem Gebet

- Trinke dieses Wasser und spüre nach, wie sich diese Energie in deinem ganzen Körpersystem ausbreitet, wie sie in jede einzelne Zelle fließt.
- Stell dir nun vor, wie deine Zellen aussehen würden, wenn sie eingefroren wären, wenn aus den ursprünglichen Wassertropfen schöne Eisblumen entstanden wären.
- Du fühlst jetzt die angenehmen, runden Wassertropfen und erkennst dein eigenes Schwingungsmuster.
- Du kannst dein Energiefeld ausdehnen und beobachtest dich dabei selbst wie unter dem Mikroskop. Du fühlst und siehst deine schönen, liebevollen Eisblumen.
- Spür nach und schau genauer hin. Es sind auch Eisblumen darunter, die eine ganz andere Form haben, ein anderes Schwingungsmuster. Vielleicht fühlen sie sich zackig, unangenehm und störend an.
- Du weißt, das sind nicht deine eigenen Eisblumen. Gib ihnen die Farbe Rot, damit du sie besser wahrnehmen kannst.
- Ganz bewusst setzt du jetzt die Intention, alle Eisblumen, die nicht deine sind, zurückzuschicken zu ihrem Ursprung und dort harmonisch zu integrieren.
- Atme dabei tief ein und aus und beobachte, wie sie sich entfernen – bis sie ganz verschwunden sind.

- Wenn dieser Prozess abgeschlossen ist, taust du wieder auf und spürst, wie deine liebevollen Energien lichtvoll und frei fließen.

Jetzt schwingst du in der Frequenz deiner eigenen Seele und spürst nur deine eigenen Emotionen. Merke dir gut, wie sich das anfühlt: leicht, lichtvoll und klar. Damit hast du die Grundlage geschaffen, auf der du deine Begabung hilfreich einsetzen kannst.

Übung 4

Der goldene Filter

Wenn du zu den feinfühligen Menschen gehörst, die einfach immer offen sind für Schwingungen aller Art, und wenn du diese Schwingungen unbewusst aufsaugst wie ein Schwamm (mein Spitzname für diese Menschen ist Spongebob), kann ich dir nur empfehlen, ganz bewusst ein energetisches Filtersystem einzubauen. Die folgende, sehr wirksame Übung kannst du machen, bevor du das Haus verlässt, oder auch, wenn es Menschen in deinem Umfeld gibt, die beispielsweise aggressiv oder einfach negativ auf dich wirken.

- Atme tief durch und gehe mit deinem Bewusstsein in dein Herz.
- Erinnere dich: *Ich bin Liebe. Ich bin Licht. Ich bin Seele.*
- Das Licht deiner Seele strahlt aus deinem Herzen in deinen ganzen Körper und darüber hinaus (ca. 5 bis 8 Meter).
- Du kannst beobachten, wie dein Lichtkörper hell und klar strahlt.
- Es fühlt sich gut an. Du bist ruhig und glücklich.
- Auf der Seelenebene setzt du nun die Intention: *Aktivieren des goldenen Filters!*

achte, wie sich ein energetisches Filtersystem aus winzigen, undurchlässigen goldenen Maschen bildet.

- Es ist stark und dicht. Es knistert und schwingt auf einer hohen Frequenz. Es ist wirklich elektrisch aufgeladen.
- Der goldene Filter ist undurchdringlich für Fremdenergien und disharmonische, krank machende Schwingungsfrequenzen.
- Du bestimmst, welche Schwingungen ihn durchdringen dürfen, etwa die Energien der Liebe.
- Fühl dich wohl und sicher.
- Dein goldener Filter ist erfolgreich aktiviert und bleibt es auch, solange du in diesem Bewusstsein bist.

Die feinfühlige, liebevolle Andrea hatte im wahrsten Sinne des Wortes versucht, sich ein dickes Fell zuzulegen und so vor Reizüberflutung zu schützen. Sie hatte über 30 Kilo Übergewicht und bisher war keine Diät erfolgreich gewesen. In ihrem Beruf als Krankenschwester war sie viel Leid ausgesetzt und täglich spürte sie die Schmerzen der Patienten ebenso wie die ihrer Angehörigen. Seitdem sie die hier beschriebene Übung macht, geht es ihr besser. Fast wie von selbst konnte sie die schweren Energien loslassen und damit auch das entsprechende Körpergewicht. Andrea nimmt sich jeden Morgen ein paar Minuten Zeit und aktiviert den goldenen Filter, bevor sie in die Klinik fährt. Dann ist sie in ihrer Mitte und strahlt lichtvoll von innen. Es geht ihr so gut wie nie zuvor – und sie hat immer ein liebevolles Lächeln für ihre Mitmenschen.

Übung 5

Die medialen Fühler ausstrecken

Wenn du bereit bist, dein mediales Fühlen bewusst und verstärkt einzusetzen, kannst du damit anfangen, deine Fühler in einem geschützten Umfeld auszustrecken, am besten wenn du ganz allein zu Hause bist und dich niemand stört. Du kannst deine Wahrnehmung durch regelmäßiges Üben stärken und später auch in einem anderen Umfeld anwenden.

- Setze dich bequem auf einen Stuhl. Ein leerer Stuhl steht dir gegenüber.
- Atme tief durch und entspanne dich. Die Augen kannst du schließen oder offen lassen.
- Du hast deinen goldenen Filter aktiviert und streckst nun kleine Fühler aus deinem Bauchraum und deinem Herzen aus.
- Auf den Stuhl dir gegenüber lädst du einen geliebten Menschen ein. Du spürst, wie sein Energiefeld dort Platz nimmt.
- Du streckst deine medialen Fühler immer weiter aus und fragst diese Person: *Wie fühlst du dich heute?*
- Nimm die Gefühlswahrnehmungen deines Gegenübers mit deinen medialen Fühlern auf.
- Deine Energiefühler strecken sich aus und empfangen Signale von dem geliebten Menschen.
- Konzentriere dich auf das Herzsignal und die Signale aus dem Solarplexus, die du nun empfängst.
- Du bekommst sofort einen Eindruck, genau wie beim energetischen Händeschütteln.
- Erlaube dir, diese Signale zu übersetzen. Du kannst eine Unterhaltung beginnen.

- Nimm wahr, welche Emotion die stärkste ist (Freude, Trauer?).
- Du kannst auch erfühlen, was diese Emotion ausgelöst hat.
- Du beendest diese Übung mit einem energetischen Dankeschön für ihre Anwesenheit und lässt diese Energie mit einem tiefen Ausatmen wieder los.

Du kannst dir generell vorab von einem geliebten Menschen die Erlaubnis geben lassen, sein Energiefeld zu Übungszwecken zu erspüren. Das kann ganz viel Spaß machen, wenn du beispielsweise verabredest, es zu einer bestimmten Uhrzeit zu tun. Versuche wahrzunehmen, was die Person in dieser Zeit gemacht hat, und rufe sie später an, um deine medialen Empfindungen abzugleichen. Du kannst die Übung weiter ausbauen, indem du medial erspürst, welche Kleidung diese Person zu dieser Zeit getragen hat und besonders, welche Farben du erspürt hast. Diese Art des medialen Fühlens setzt eine Vertrauensbeziehung voraus, damit deine Fühler nicht von einer energetischen Betonwand geblockt werden. Auch ist es wichtig, deinem Partner zu versichern, dass du die Übung nur nach Absprache durchführst.

Grundsätzlich sollten Respekt und ethische Grundsätze beachtet werden, damit die Privatsphäre geschützt bleibt. Die medialen Fähigkeiten sollten nur auf Anfrage zum besten Wohle aller als Hilfe zur Selbsthilfe eingesetzt werden.

Als ich in einem spirituellen Buchladen in Phoenix private Einzelbehandlungen gab, lernte ich viele hellsichtige und medial begabte Menschen kennen, die dort ebenfalls als *Reader* und Heiler tätig waren. Es war ein toller Austausch, und wir haben uns auch häufig gegenseitig mit privaten Sessions unterstützt.

Einer dieser Reader, nennen wir ihn Kevin, war zwar hellfühlig und hellsichtig, aber ihm fehlte jeder Anstand. Er prahlte mit seinen Gaben und setzte seine Fähigkeiten ständig ungefragt ein. Wenn eine Kundin in den Buchladen kam und einfach in den Bücherregalen nach spiritueller Literatur schaute, lag Kevin schon auf der Lauer. Er wollte aus finanziellen Gründen dringend Kunden gewinnen und wartete nicht, bis er um Hilfe gebeten wurde. Also rückte er seine Brille zurecht, strich sich durch die roten Haare und stürzte auf die Kundin zu: »Du hast einen Bruder, der verstorben ist. Er möchte dir eine Botschaft übermitteln!« Die geschockte Kundin wusste zunächst nicht, was sie sagen sollte, war aber leichte Beute. »Du lebst von deinem Mann getrennt und es gibt Streit um die Kinder«, lautete beispielsweise die nächste Hiobsbotschaft. Die so attackierten Kundinnen landeten eine nach der anderen an seinem Tisch, wo dann die Einzelsitzungen stattfanden. Ich hatte große Schwierigkeiten, damit umzugehen, weil ich sah, wie hier verletzte Menschen zu Opfern gemacht wurden. Gott sei Dank hat dieser Reader aufgrund seines Größenwahns den Buchladen bald verlassen. Ein falscher Prophet der gleichen Art hatte ihm eine Fernsehkarriere als Medium vorausgesagt, zu der es soweit ich weiß nie gekommen ist.

Wenn du deine medialen Fühler erfolgreich erprobt hast, kannst du sie in zahlreichen Alltagssituationen einsetzen. Du kannst beispielsweise bei deinem nächsten Restaurantbesuch jedes einzelne Gericht auf der Speisekarte mit deinen medialen Fühlern erspüren, bevor du es bestellst.

Meine Klientin Jenny macht das oft und braucht in Restaurants generell sehr lange, bis sie entschieden hat, was sie bestellen möchte. Sorgfältig spürt sie in jedes Gericht hinein. So bekommt sie einen Vorgeschmack auf das, was sie erwartet. In manchen US-Restaurants haben die Speisekarten mehr als 60 Seiten. Da dauert es schon eine Weile, bis sie die Vielzahl der Eindrücke verarbeitet hat. Manchmal dauert es den anderen am Tisch zu lange. Dann bestellt sie einfach das Gleiche wie ihr Mann – und ist später natürlich unzufrieden, weil die beiden in Bezug auf Nahrung unterschiedliche Bedürfnisse haben. Auf ihr gutes Bauchgefühl kann sie sich jedoch immer verlassen.

Psychometrie

Psychometrie ist eine Form des medialen Fühlens, bei der die energetische Information von einem Gegenstand empfangen wird. In diesem Fall werden zusätzlich zum Bauchgefühl die Hände als Sensoren benutzt und ein direkter Kontakt mit dem, was man erfühlen will, wird ganz einfach dadurch hergestellt, dass man einen Gegenstand in die Hände nimmt. Die Informationen werden in Schwingungsfrequenzen übertragen, aus denen der Hellfühlige ein Schwingungsmuster ablesen kann. Das heißt, er entschlüsselt die gespeicherte Information. Für ein Reading dieser Art eignen sich persönliche Gegenstände des Klienten, am besten aus Metall, etwa ein Ring, eine Armbanduhr, eine Halskette oder ein Schlüsselanhänger. Man kann energetische Informationen über eine Person auch aus einem Foto bekommen. Diese Vorgehensweise ist besonders für Anfänger geeignet, die ihr mediales Fühlen intensivieren möchten. Psychometrie, das Fühlen mit den Händen, kann man einsetzen, um eine energetische Fährte aufzunehmen und die Energie mit etwas Übung zu ihrem Ursprung, also zum Besitzer des Gegenstandes, zurückzuverfolgen. Das gilt auch für Tiere.

Meine Klientin Vanessa war sehr verzweifelt darüber, dass ihre Katze Diamond schon seit mehr als einer Woche nicht mehr nach Hause gekommen war. Das war sehr untypisch für Diamond, gerade im Winter. Eigentlich kam sie in dieser Jahreszeit nach ihren täglichen Streifzügen durch die Natur immer zum Essen nach Hause und schlief in ihrem Katzenbett. Vanessa bat mich um Rat und zeigte mir ein Foto der grauen Katze, die ein weißes Pfötchen hatte. Es stellte sich heraus, dass Diamonds Spielkamerad, die Katze des Nachbarn, nicht mehr da war, weil die Familie umgezogen war. Ich konnte über das Foto energetischen Kontakt aufnehmen und genau spüren, wie ängstlich und verwirrt Diamond über den Umzug ihrer Katzenfreundin war. Sie zeigte mir, dass sie mehrere Meilen in östliche Richtung gelaufen war und nicht mehr nach Hause finden konnte. Ich beschrieb Vanessa, was ich sah, und sie bestätigte mir, dass die Nachbarn in diese Gegend gezogen waren. Sie fuhr sofort mit dem Auto zu dem Park, den ich beschrieben hatte, und konnte ihre geliebte Katze ein paar Stunden später wieder nach Hause bringen.

Übung 6

Medial fühlen über die Hände

Nimm dir vor dieser Übung genug Zeit zum Entspannen. Vielleicht machst du eine kurze Meditation und leerst deinen Kopf von Alltagsgedanken. Dann wäschst du deine Hände und reinigst sie dabei auch energetisch, indem du visualisierst, wie weißes strahlendes Licht über deine Hände und Arme fließt. Am Ende sind die Empfangssensoren in deinen Handinnenflächen neutral.

- Atme tief durch und lege den Gegenstand der betreffenden Person in deine Handflächen, als würdest du eine kleine Kugel halten.
- Es ist eine Kugel aus Energie, die dieser Gegenstand nun abstrahlt.
- Fühle die schwingende Energie ein bis zwei Minuten lang in deinen Handflächen.
- Von dort werden die Informationen in deinen Solarplexus weitergeleitet, wo du nachspürst. Auch mit dem Herzen kannst du fühlen, wie es der Person dort geht, wo sie ist.
- Du kannst auch eine Frage stellen (etwa: Was brauchst du für deine Heilung? Wie kann ich dir dienen?).
- Sobald mithilfe des Gegenstands ein Kontakt zum Energiefeld des Besitzers hergestellt ist, bekommst du deine Antworten direkt von der Person, nicht mehr von dem Gegenstand.

Wie der Telefonhörer beim Telefonieren, so fungiert der Gegenstand in der Psychometrie lediglich als Kontaktstelle zum Energiefeld der Person. Die Information fließt letztendlich über das Energiefeld, auch Nullpunkt-Feld oder Quantenfeld genannt, über das wir alle miteinander verbunden sind.

Mit den Sensoren in deinen Handflächen kannst du jederzeit Informationen über einen Gegenstand abrufen. Im Alltag lässt sich diese Übung sehr effektiv einsetzen. Beispielsweise kannst du im Supermarkt genau erspüren, ob ein Produkt positiv schwingt oder nicht. Wenn du eher ein unangenehmes Gefühl hast, kannst du dich gegen den Kauf dieses Gegenstands oder Produkts entscheiden. Das funktioniert mit Lebensmitteln, Reinigungsmitteln, Kleidung, Kosmetika usw.

Die achtzehnjährige Jessica hat das mediale Fühlen bei ihrer Suche nach einem Freund auf dem Dating-Portal *Tinder* angewendet. Sie gab all ihre Suchkriterien ein, lud ein Bild von sich hoch und sah sich die Bilder der jungen Männer an, die ihr antworteten. Dann legte sie das Handy in ihre Handfläche und erspürte die Informationen, die sie von den Bildern der jungen Männer empfing. Von der Nervensäge über den Casanova war alles dabei. Sie entschied sich schließlich, einem jungen Mann zu antworten, den sie als ehrlich, sportlich und liebevoll empfand. Ihr erstes Date hatten sie, nachdem sie ein paar Textbotschaften ausgetauscht hatten. Es war ein toller Abend mit viel Spaß und Romantik, alles hat gestimmt. Seit knapp einem Jahr sind sie ein verliebtes Paar.

Übung 7

Fühlen des Körpersystems

Wenn wir einer Person zum ersten Mal begegnen, spüren wir als feinfühlige, mediale Menschen schon beim ersten Händedruck, ob sie uns sympathisch ist oder nicht. Verantwortlich dafür sind die unzähligen Energieimpulse, die unser Sensor-System rasend schnell empfängt und auswertet, ohne dass wir darüber nachdenken.

Wir können diese Fähigkeit der Informationsaufnahme über die Hände auch intensivieren und bewusst einsetzen, beispielsweise in medizinischen Berufen. Es gibt viele Physiotherapeuten, Masseure, Ärzte, Krankenschwestern und Altenpfleger, die in direktem Körperkontakt mit ihren Patienten stehen. Antworten auf die Frage *Wie geht es Ihnen heute?* kann man zuverlässig über das mediale Fühlen erhalten.

Von mir ausgebildete Quantum-Engel-Heiler nehmen, nach sorgfältiger energetischer Reinigung und Energieerhöhung durch Atemübungen, durch Auflegen der Hände Informationen aus dem Energiekörpersystem ihrer Klienten auf. Dies ist besonders hilfreich bei Babys und Kleinkindern, die ihre Empfindungen noch nicht klar zum Ausdruck bringen können.

Im Alltag kann man das mediale Fühlen gut an Familienmitgliedern und Freunden üben – deren Einverständnis vorausgesetzt.

- Reibe deine Handflächen aneinander, bis sie warm werden. Atme dabei mehrmals tief ein und langsam aus.
- Beim Ausatmen pustest du weißes reinigendes Licht in deine Hände. Es kann sein, dass du dabei gähnen musst. Das ist eine Begleiterscheinung der energetischen Reinigung.
- Entspanne dich und werde ganz ruhig.
- Nimm wahr, dass zwischen deinen Handflächen ein Energiefeld entstanden ist.
- Frage, ob es der Person recht ist, dass du deine Handflächen beispielsweise auf eine schmerzende Körperstelle legst.
- Berühre die Person ganz sanft und atme weiter tief ein und langsam aus. Es ist wichtig, dass deine Schwingungsfrequenz hoch ist.
- Die Energie fließt zwischen deinen beiden Händen hin und her und durchströmt dabei die schmerzende Stelle.
- Du kannst die empfangenen Energieimpulse als Informationen aufnehmen, ohne dabei selbst Schmerzen zu empfinden.
- Du kannst Fragen nach der Ursache des Schmerzes stellen und auch deine Empfindungen mitteilen.

Wenn sich die Testperson gleich wohler fühlt und du beim medialen Handauflegen Interesse an energetischer Heilarbeit bekommst, empfehle ich dir, dich zu deinem eigenen Wohl und zum besten Wohle aller von einem erfahrenen Profi ausbilden zu lassen. Es gehört sehr viel Wissen und praktische Erfahrung dazu, wirklich als Heiler zu arbeiten. Doch der Bedarf ist riesig!

Angelika arbeitete regelmäßig als Babysitter bei ihrer Nachbarin. Meistens passte sie samstagabends auf die kleine Emily auf, wenn die Eltern ausgehen wollten, und meistens schlief Emily bereits, wenn Angelika kam. An diesem Samstagabend jedoch war alles anders. Emily wachte nach ein paar Stunden wieder auf und schrie und schrie. Das Kind war durch nichts zu beruhigen. Windeln wechseln, Fläschchen geben, Spieluhr anmachen, auf dem Arm herumtragen, Lied singen – nützte alles gar nichts. Angelika hat schon früh von ihrer Mutter, die als Heilpraktikerin arbeitet, gelernt, ihren medialen Sinnen zu vertrauen. Sie atmete also tief durch und entspannte sich, so gut es ging, während Emily weiter schrie. Angelika legte ihre Hände ganz bewusst auf den Bauch des Kindes und spürte einen winzigen Moment lang einen scharfen Schmerz, der als Signal von Emilys Bauch ausgesendet wurde. Sie wusste sofort, dass dies wirklich eine Notsituation war, und holte Hilfe. Emily wurde sofort ins Kinderkrankenhaus gebracht. Diagnose: Blinddarmdurchbruch. Angelika hat der kleinen Emily dank ihrer Medialität das Leben gerettet.

2. Mediales Wissen

Ein Erkennungsmerkmal von Menschen mit ausgeprägter Intuition, die man auch als hellwissend bezeichnet, ist, dass sie Dinge aufgrund innerer Einsichten einfach wissen. Demzufolge ist ihr Lieblingssatz: »Ich weiß!« Es ist schwierig, ihnen Neuigkeiten zu erzählen, denn bevor man den Satz zu Ende gesprochen hat, fallen sie einem gern ins Wort, beenden den Satz selbst und ergänzen die Neuigkeiten, die für sie gar keine mehr sind. Auch Überraschungen gelingen in den wenigsten Fällen, da sie schon vorher wissen, worum es sich dabei handelt.

Erkennst du dich wieder? Wusstest du schon, was ich hier an dieser Stelle schreiben werde? Dann kann es trotzdem interessant für dich sein, deine intuitiven Fähigkeiten anhand der praktischen Übungen und Beispiele zu vertiefen und ihnen komplett vertrauen zu lernen.

Viele verstehen es so, als sei die Gabe des medialen Wissens die Fähigkeit, die Zukunft voraussagen zu können. Schon in der Bibel ist die Rede von Propheten, die Dinge vorausgesagt haben. Millionen von Menschen gehen zu Wahrsagern, die ihnen die Zukunft vorhersagen sollen in der Hoffnung, gute Neuigkeiten zu hören. Es gibt leider genug falsche Propheten, die ihren Klienten die Karten legen und ihnen dann mit etwas Menschenkenntnis genau das sagen, was sie hören wollen. Bei meiner Arbeit geht es darum, nicht nur der eigene Prophet, sondern auch der bewusste Schöpfer des eigenen Lebens zu sein, d.h. in Einklang mit dem zu kommen, was man sich auf der Herzensebene wünscht. Voraussetzung dafür ist, dass man sich an die Kraft der eigenen Seele erinnert und über das Bewusstsein verfügt, das nötig ist, um das eigene Leben im wahrsten Sinne des Wortes wundervoll zu gestalten. Die Methode, die ich dafür mithilfe der geistigen Welt entwickelt habe, heißt Cosmic Recoding.

Mediales Wissen bedeutet in der Praxis, bewusst mit dem kosmischen Feld aller Möglichkeiten (Quantenfeld) verbunden zu sein und über die eigene Intuition Informationen aus diesem Feld herunterladen zu können. Da es Zeit und Raum nicht wirklich gibt, ist es so möglich, die vermeintliche Zukunft bewusst oder unbewusst anzuzapfen. Wir alle stehen im Austausch mit dem Feld und sind gleichzeitig ein Teil davon. Anderen, die sich in einer Raum-Zeitmatrix befinden, kommt dies vor wie eine Vorahnung oder Zukunftsvision. Sie können sich vieles von dem, was ein Hellwissender sagt, nicht erklären und haben manchmal sogar Angst vor dieser Fähigkeit.

Mach dir nichts daraus, wenn andere dich als Sonderling betrachten. Es ist sehr hilfreich, eine gute Intuition und ausgeprägte Wahrnehmung zu haben.

Ich musste mir auch schon einiges an Kopfschütteln, Stirnrunzeln und spöttischen Bemerkungen gefallen lassen. Zugegeben, es ist für die Mitmenschen nicht immer leicht zu verstehen, woher die Gewissheit von Aussagen kommt, mit denen sie so gut wie gar nichts anfangen können.

Als ich in die USA ausgewandert bin, hatte ich nur zwei Koffer dabei. Es gehörte zu meinem Einweihungsprozess, geliebte Familienmitglieder und alles, was ich besaß, loszulassen. Mein Liebster wartete in Amerika auf mich. Sein Hab und Gut passte in einen Schuhkarton. Wir hatten nichts und waren obdachlos in Phoenix – keine Wohnung, keine Möbel, kein Auto, kein Einkommen, keine Familie keine Freunde, nichts. Natürlich hatten wir wie die meisten Amerikaner den *American Dream*, den Traum, irgendwann im eigenen Haus zu leben. Das schien aus finanziellen Gründen überhaupt nicht möglich, doch wir haben aktiv geträumt. Wir haben oft Häuser besichtigt und mehr als zehn Jahre lang mit dem Herzen gesucht.

Eines Tages war ich ohne meinen Mann in Tucson, Arizona, unterwegs. Dort war eine große Messe mit vielen Händlern, die an Ständen ihre Waren verkauften. Es gab auch einen kleinen Stand mit handgearbeiteten Kacheln aus Mexiko. Ich wurde magisch von kleinen blauen Kacheln mit verschiedenen handgemalten Ornamenten angezogen. Ich nahm sie in die Hand und wusste ganz genau, dass es sich hier um die ersten Stücke unseres neuen Hauses handelte. Zu dieser Zeit hatten wir immer noch wenig Geld, aber ich konnte mir für ca. zwanzig Dollar die vier kleinen Kacheln kaufen und freute mich riesig darüber. Ich war so begeistert von meinem ersten Stück Haus, dass ich Michael gleich bei der Ankunft in unserem kleinen Apartment zurief: »Hurra, ich habe ein Stück von unserem Haus gefunden!« Weil ich davon ausging, dass er und mein Sohn meine Begeisterung und Freude mit mir teilen würden, war ich geschockt, als die beiden nur den Kopf schüttelten und überhaupt nicht nachvollziehen konnten, weshalb ich in absoluter Feierstimmung war. Sie blickten mit Unverständnis auf die vier kleinen blauen Kacheln und machten sich über mich lustig, wie sie es aus Spaß gern mal tun. Ich hüllte die blauen Kacheln in Seidenpapier, legte sie in meine Schreibtischschublade und vertraute weiterhin darauf, dass ich wusste, welchen Schatz ich gefunden hatte.

Es dauerte noch einige Jahre. Wir besichtigten regelmäßig zum Verkauf stehende Häuser und suchten auch im Internet. Als wir mit einem vollen Terminkalender auf Europatour waren, träumte ich zur Entspannung meinen Haustraum weiter. Ich durchsuchte die Immobilienanzeigen im Internet und schaute mir stundenlang die Bilder der gelisteten Objekte an. Plötzlich erkannte ich auf einem der Bilder unser Haus. Aufgeregt lief ich mit dem Laptop zu Michael und rief: »Ich habe endlich unser Haus gefunden!« Er schaute sich die Bilder an und das Haus gefiel ihm sofort. Es gab nur ein kleines Problem: Wir waren 12000 Kilometer weit weg! Ich telefonierte umgehend mit meiner Maklerin und sie schaute sich das Objekt, das erst seit einem Tag auf dem Markt war, für uns an. Es war ein gutes Angebot mit entsprechend vielen Interessenten, doch die zählten für mich nicht, denn es war ja ganz sicher mein Haus. Auch die Maklerin schüttelte über meine Entschlossenheit den Kopf und erzählte mir von anderen Hausverkäufen, wo sie in den Verhandlungen alles versucht hatte, ihre Klienten aber keinen

Zuschlag bekamen – und sie natürlich auch keine erfolgsabhängige Provision. Es war das erste Mal in meinem Leben, dass ich ein Haus kaufen wollte, noch dazu in den USA, wo alles anders geregelt ist als in Deutschland. Es gab viel Papierkram zu erledigen, um ein Darlehen zu bekommen. Tag und Nacht füllte ich Anträge aus und faxte sie hin und her. Michael musste vor Ort sein, ich musste das Seminar geben. Wir buchten seinen Flug und er war 24 Stunden später in Phoenix. Ein hilfreicher junger Bankangestellter, der sich für die schamanische Arbeit meines Mannes interessierte, drückte beide Augen zu und stellte die Bescheinigung für den Kreditantrag aus. Alles passierte sehr schnell, bis die Maklerin mit der Hiobsbotschaft kam, es gäbe mehrere Angebote und einen potenziellen Käufer, der die ganze Kaufsumme in bar zahlen konnte. Die Bank wolle nicht warten, bis unser Kredit genehmigt werde. »Außerdem kauft man keine Häuser übers Internet, die man noch nie selbst gesehen hat«, war ihr überflüssiger Kommentar am Telefon. Im Laufe dieses Gesprächs rückte ich ihr Bewusstsein ein wenig zurecht und bat sie, positiv an ihre Provision zu denken, denn es war ohne Zweifel mein Haus.

Ich bat meine Engel, mir eine Summe zu nennen. Sie sollte höher sein als das Angebot des anderen potenziellen Käufers, aber so, dass wir uns die nötige Anzahlung leisten konnten. Pokerspielen ist nichts dagegen, könnte man denken, aber ich sah die Zahl, die mir die Engel gaben, vor meinem geistigen Auge und gab ein entsprechendes schriftliches Kaufangebot ab. »Ein Wunder ist geschehen«, sagte die Maklerin beim nächsten Telefonat: »Dein neues Kaufangebot wurde von der Bank akzeptiert!«

Michael kam zurück nach Deutschland und brachte ein Video von unserem neuen Haus mit. Das Dach der Terrasse wird von mehreren Säulen getragen, deren Sockel mit kleinen blauen Kacheln verziert sind. Diese Kacheln haben exakt die Größe der blauen Kacheln, die ich vor mehreren Jahren gekauft hatte. Mein Mann nahm mich stolz und glücklich in den Arm, wir hatten uns in guter Teamarbeit unseren Traum erfüllt. Gleich nach unserem Einzug klebte er die vier kleinen blauen Kacheln mit den Ornamenten auf die Sockel der Säulen. Es sieht aus, als wären sie schon immer da gewesen. Und aus meiner Sicht waren sie es auch.

Übung 8

Die Tür zur Intuition öffnen

Das mediale, intuitive Wissen basiert auf der Fähigkeit, energetische Schwingungen wahrzunehmen und die dadurch entstandenen Schwingungsmuster als Wissen im Bewusstsein zu registrieren. Schwingungsmuster zeigen sich häufig auch in Form von inneren Bildern. Es geht jedoch darum, ganz genau zu wissen, dass zwei voneinander entfernte Dinge, Situationen oder Menschen im Einklang schwingen oder auch nicht. Es ist, als ob ein Schlüssel ins Schlüsselloch passt und eine Tür zur Information geöffnet wird.

- Nimm dir ein paar Minuten Zeit. Entspanne dich, indem du mehrmals tief ein- und langsam ausatmest.
- Dabei sitzt du bequem, beide Füße stehen auf dem Boden.
- Lenke deinen ruhigen Atem über dein Herz.
- Schau mit deinem geistigen Auge in dein Herz hinein und sieh dort das Licht deiner Seele.
- Kannst du es gut erkennen? Ist es lichtvoll und strahlend?

- Ist es schwach und schimmernd?
- Kannst du es gar nicht sehen? Ist es dunkel?
- Mit dem nächsten tiefen Atemzug setzt du die Intention, dein Herz von innen mit Licht zu erfüllen.
- Mehr und mehr.
- Bitte deine Seele, dir die Schlüssel zu zeigen, mit denen du die Tür zu deinem Herzen ganz leicht öffnen kannst.
- Vielleicht siehst du Lichtpunkte. Es sind Lichtcodes, die hier wirken.
- Diese Lichtpunkte fließen nun in dein Herz, in deinen ganzen Körper, in dein ganzes Wesen.
- Du erkennst, dass du lichtvoll bist. Du erkennst, dass deine Seele ein großes, grenzenloses Lichtfeld ist.
- Dieses große Feld ist ein Lichtmeer aus Informationen und Codes, unabhängig von Zeit und Raum.
- Du kannst intuitiv alle Informationen aus dem Lichtfeld empfangen, wenn deine Herztür geöffnet ist.
- Atme ruhig und tief. Lass die Energien zu dir fließen, die dich jetzt in dieser (Entscheidungs-)Situation unterstützen.
- Du weißt jetzt die Antwort. Alles ist klar.
- Wenn du bereit bist, kannst du die Übung beenden und deinen goldenen Filter wieder bewusst aktivieren (Übung 4).

Übung 9

In Einklang mit dem Feld schwingen

Mit dem Öffnen der Herztür hast du die Tür zum universalen Wissen geöffnet. Mit etwas Übung kannst du noch besser steuern, welche Informationen in deinem Feld zur Verfügung stehen. Die Intuition ist die schnellste Art der medialen Wahrnehmung. Du schwingst dich auf eine gewisse Frequenz ein und erkennst ganz schnell, ob etwas damit nicht in Einklang ist. Dein mediales Wissen wird sich immer stärker als Wahrheitsdetektor herausstellen, denn es gibt zwar verschiedene Perspektiven, aber nur eine Wahrheit aus deiner Sicht.

- Beginne auch diese Übung in einem entspannten Zustand.
- Lass deinen Atem ruhig fließen.
- Höre auf deinen Herzschlag.
- Erinnere dich an einen glücklichen Moment in deinem Leben.
- Lass die Schwingungsfrequenz des Glücks in deinem ganzen Körpersystem schwingen. Vielleicht ist es eine Erinnerung an Tanzen oder laut Lachen, das dich auf diese glückliche Stimmung einschwingt.
- Spüre diese Frequenz und genieße sie ein paar Minuten.
- Gib dieser Frequenz ein Bild. Du kannst dir beispielsweise einen schönen reifen Apfel vorstellen.
- Du legst diesen Apfel in eine große Kiste mit anderen schönen Glücksäpfeln.
- Richte deine Aufmerksamkeit nun auf einen unangenehmen oder traurigen Moment in deinem Leben.
- Spüre auch diese Schwingung für einen kurzen Moment.
- Gib dieser Frequenz ein Bild. Du kannst dir beispielsweise einen faulen, verrunzelten Apfel vorstellen, der ungenießbar ist.
- Du siehst jetzt, wie dieser Apfel in der großen Kiste mit den schönen Glücksäpfeln liegt.
- Sofort weißt du, dass er dort nicht hingehört.
- Er ist nicht in Einklang mit der Schwingungsfrequenz deines Glücks, mit deiner Wahrheit.

Die Analogie mit den Äpfeln funktioniert super. Auch wenn du später im Alltag eine Entscheidung treffen sollst, wirst du sofort intuitiv wissen, was gut für dich ist und was nicht, denn du wirst innere Bilder von guten oder schlechten Äpfeln erhalten. Du kannst diese Übung auch mit dem inneren Bild des Stoppschildes oder der roten bzw. grünen Ampel machen. In Entscheidungsprozessen weißt du dann intuitiv, wann du besser stoppen oder noch mehr auf deine nächsten Schritte achten solltest, damit du ganz gewiss auf deinem lichtvollen Weg bleibst. Die Botschaften des medialen Wissens kommen so schnell, dass man sie auch verpassen kann, wenn man zögert oder zweifelt. Sobald man auf der Kopfebene ist und die Herztür schließt, wird man die intuitive Wahrnehmung infrage stellen. Das intuitive Wissen erfordert immer Schnelligkeit im Annehmen der Erkenntnisse. Wenn du die Tendenz hast, alles infrage zu stellen oder auf andere Zeichen zu warten, kannst du dir damit helfen, dass du eine innere Alarmanlage anstellst, die verhindert, dass du die eigene Intuition ignorierst.

Übung 10

Die innere Alarmanlage anstellen

Diese Übung dient dir in besonderen Situationen, beispielsweise bevor du aus dem Haus gehst und mit dem Auto wegfahren möchtest. Du kannst die Alarmanlage für dein Haus anstellen und auch für dein Auto, damit du noch sicherer unterwegs bist. Mache diese Übung, bevor du das Haus verlässt.

- Du stehst an der Haustür mit dem Autoschlüssel in der Hand und willst das Haus verlassen.
- Atme tief ein und langsam aus.

- Denke oder sage laut: Alarmanlage an!
- Es funktioniert so schnell wie das Anknipsen eines Lichtschalters.
- Du weißt, alles ist in diesem Moment in Ordnung. Dein Haus, dein Auto und du, ihr seid sicher.
- Denke oder sage laut: Alles ist sicher!
- Spüre für einen kurzen Moment die Schwingungsfrequenz der Sicherheit.
- Erst jetzt verlässt du das Haus und fährst los.
- Sollte sich an dieser Schwingungsfrequenz etwas verändern, wirst du es sofort wissen und die entsprechende Information wie einen Geistesblitz erhalten.
- Natürlich solltest du dann auch sofort reagieren.

Martina hat als Mutter von drei kleinen Kindern viel zu tun und manchmal sind es eben zu viele Impulse, die sie als feinfühliger, hellwissender Mensch erhält. In Stresssituationen wird sie oft unsicher und stellt sich selbst infrage. Hinterher ärgert sie sich natürlich, wenn sie nicht auf ihre Intuition gehört hat. Sie beschloss, die innere Alarmanlage anzustellen, die ihr ganz laut und ganz klar signalisiert, wenn etwas nicht in Ordnung ist. Als Rüdiger, ihr Mann, einmal keine Zeit hatte, die Kinder vom Sport abzuholen, entschied Martina, selbst loszufahren. Es war ein dunkler Novemberabend, regnerisch und kalt, und es hatte bereits die ersten Glatteiswarnungen gegeben. Normalerweise holte Rüdiger die Kinder mit dem großen Van ab, weil sie dort mehr Platz haben als in Martinas Kleinwagen. Rüdiger rief ihr noch zu: »Du kannst mit meinem Wagen fahren, ich habe gerade getankt.« Sofort ging Martinas innere Alarmanlage an. »Auf keinen Fall werde ich das tun, ich weiß einfach, dass es nicht gut ist«, sagte sie. Nur warum, das wusste sie nicht. Sie holte die Kinder also mit dem kleinen Auto ab. Sie murrten ein wenig, quetschten sich dann aber mit ihren Sportsachen auf die Rückbank. Es wurde noch ein schöner Abend und Martina dachte nicht weiter über den Alarm nach.

Am nächsten Morgen fuhr Rüdiger mit dem Van zur Arbeit. In der Kurve des Autobahnzubringers gab es plötzlich einen lauten Knall - ein Reifen war geplatzt. Als sicherer Autofahrer konnte er das Fahrzeug ohne Panik auf den Seitenstreifen lenken. Die ohnehin schon gestresste Martina hätte diese Situation bei Glatteis und mit den Kindern im Auto wohl nicht so sicher meistern können. Aber das brauchte sie dank ihrer inneren Alarmanlage auch nicht. Wie schon so oft war Rüdiger dankbar für die Intuition seiner Frau. Manchmal kann man bestimmte Dinge im Leben nicht verhindern. Der Reifen war nun mal beschädigt und ist geplatzt. Doch das mediale Wissen ist von unschätzbarem Wert und kann im Alltag und im Beruf jederzeit zum besten Wohle aller genutzt werden.

Übung 11

Die Tür zur möglichen Zukunft öffnen

Das mediale Wissen kann für die Entscheidungsfindung sehr hilfreich sein, und zwar in jeder Alltagssituation, in Partnerschaftsfragen, beruflichen Situationen oder schweren Lebenskrisen. Wir alle kennen die schlaflosen Nächte, in denen man durch Grübeln herauszufinden versucht, welche Entscheidung die beste ist, und keine Lösung findet. Es scheint, als funktioniere die Intuition besonders dann nicht, wenn man sie am dringendsten braucht. Der dadurch immer größer werdende Stress blockiert das sonst natürlich vorhandene Hellwissen.

Die folgende Übung ist in solchen Situationen sehr hilfreich. Bereite zu deiner Frage innerlich drei mögliche Entscheidungswege vor, ohne eine Entscheidung zu treffen. Höre dazu meditative Musik und setze dich in einen bequemen Sessel.

- Beginne diese Übung in einem entspannten Zustand.
- Lass deinen Atem ruhig und tief fließen.
- Höre auf deinen Herzschlag.
- Du kannst deine Seele, dein inneres Licht bitten, dich jetzt zu führen.
- Begib dich jetzt auf eine innere Reise in den imaginären Raum der Zukunft.
- Dieser Raum hat viele verschiedene Türen.
- Schau in diesen Raum hinein und erkenne deine drei Türen.
- Die Türen sind geschlossen.
- Wende dich jetzt Tür Nr. 1 zu, öffne sie und geh in diese mögliche Zukunft (Entscheidungsmöglichkeit 1).
- Halte dich dort ein paar Minuten auf. Erlebe mit all deinen Sinnen, wie sich diese Zukunft gestaltet.
- Tritt nun wieder heraus, schließe die Tür und atme tief durch. Atme helles weißes Licht ein und aus.
- Lenke deine Aufmerksamkeit nun auf Tür Nr. 2, öffne sie und geh in diese mögliche Zukunft (Entscheidungsmöglichkeit 2).
- Halte dich dort ein paar Minuten auf. Erlebe mit all deinen Sinnen, wie sich diese Zukunft gestaltet.
- Tritt nun wieder heraus, schließe die Tür und atme tief durch. Atme helles weißes Licht ein und aus.
- Lenke deine Aufmerksamkeit nun auf Tür Nr. 3, öffne sie und geh in diese mögliche Zukunft (Entscheidungsmöglichkeit 3).
- Halte dich dort ein paar Minuten auf. Erlebe mit all deinen Sinnen, wie sich diese Zukunft gestaltet.

- Tritt nun wieder heraus, schließe die Tür und atme tief durch. Atme helles weißes Licht ein und aus.
- Lenke deine Aufmerksamkeit nun auf eine weitere Tür, die du vorher gar nicht gesehen hast. Öffne auch sie und geh in diese mögliche Zukunft.
- Halte dich dort ein paar Minuten auf. Erlebe mit all deinen Sinnen, wie sich diese Zukunft gestaltet.
- Tritt nun wieder heraus, schließe die Tür und atme tief durch. Atme helles weißes Licht ein und aus.

Ganz spontan wirst du nun wissen, durch welche Tür du in deiner Situation wirklich gehen möchtest. Du hast Klarheit bekommen und die Antwort in dir gefunden, statt deine Kraft an Dritte abzugeben.

Bettina aus Österreich hatte mich in einer sehr verzweifelten Lage um Rat gebeten. Ich nehme jedoch niemandem Entscheidungen ab, noch sage ich die Zukunft voraus. Ich zeige meinen Klienten, wie man die Zukunft selbst gestalten kann, beispielsweise mit Cosmic Recoding. Für Bettina war es in dieser Situation wichtig, ihren Weg ganz schnell klar zu erkennen, denn sie war im dritten Monat schwanger. Das ist eigentlich ein Grund zur Freude, aber Bettina war bereits Mutter von drei Kindern. Und dieses Mal war sie nicht von ihrem Ehemann schwanger, sondern von ihrem Nachbarn, mit dem sie ein Verhältnis hatte.

In ihrer Verzweiflung konnte sie keinen klaren Gedanken fassen. Sie hatte große Angst, Schande über ihre ganze Familie zu bringen, wenn sie die Wahrheit sagte. Auch befürchtete sie, dass ihr Mann sie und die Kinder verlassen würde. Sie dachte an Abtreibung, obwohl sie das schrecklich findet. Sie dachte sogar an Selbstmord. Sie sah nur diese drei Möglichkeiten. Sie war vor Angst wie gelähmt und konnte nicht aufhören zu weinen. Als sie sich nach der Energiebehandlung beruhigt und entspannt hatte, machte sie die oben beschriebene Übung und betrat eine ihrer Zukunftsmöglichkeiten nach der anderen. Die erste Tür war die Entscheidungsmöglichkeit Abtreibung. Als sie diesen Raum betrat, sah sie dort ein kleines Mädchen in einem weißen Kleid, das sie anlächelte und die Arme nach ihr ausstreckte. Sie wusste sofort, dass es ihr ungeborenes Kind war, und verließ diesen Raum. Als sie durch die zweite Tür ging, die für die Entscheidungsmöglichkeit Selbstmord stand, sah sie eine dunkle Schlucht. Alles fühlte sich kalt an, und dann sah sie ihre drei Kinder, die auf einen geschlossenen Sargdeckel blickten. Sehr schnell trat sie aus diesem Raum heraus. Vor der dritten Tür hatte sie am meisten Angst. Hier ging es darum, ihrem Mann die Wahrheit zu sagen. Sie atmete tief durch und betrat diese mögliche Zukunft. Dieser Raum war zu ihrer Überraschung friedlich und lichtvoll. Sie sah eine grüne Wiese, auf der ihre Kinder spielten. Sie sah ihren Mann und auch ihren Freund, den Nachbarn. Bettina fing an zu weinen, doch dieses Mal waren es Tränen der Erleichterung. Sie wusste nun, welche Entscheidung die richtige für sie war. Ein paar Tage später sagte sie ihrem Mann die Wahrheit. Er war natürlich geschockt, erkannte aber, wie es dazu kommen konnte. Bettina hatte ihren fünfzehn Jahre älteren Mann meistens nur am Wochenende gesehen. Er war im Vertrieb eines Großunternehmens tätig und oft im Ausland unterwegs. Ihr Liebesleben war daher kaum vorhanden. Es folgten lange Gespräche, in die auch der Nachbar einbezogen wurde. Er ist Sportlehrer und hatte bisher noch keine eigenen Kinder. Alle drei entschieden sich für das Kind und beschlossen, sich gemeinsam darum zu kümmern, auch wenn das vielen ungewöhnlich vorkommen mochte. Die kleine Hope (Hoffnung) wurde im Dezember geboren und brachte von Anfang an viel Licht und Liebe in diese Familie.

3. Mediales Sehen

Das mediale Sehen wird auch als Hellsehen bezeichnet. Es gibt sowohl kontrolliert hellsichtige Erfahrungen, die ich als Medium beispielsweise in Einzelbehandlungen und Meditationen einsetze, als auch unkontrolliert spontane hellsichtige Erfahrungen. Dazu gehören beispielsweise Träume und Visionen, wie sie fast alle feinfühligen, medial begabten Menschen haben. Das mediale Sehen ist die feinsinnige Wahrnehmung in Form von inneren Bildern, vergleichbar mit Traumbildern, die ja auch energetisch gesehen werden und nicht mit den physischen Augen. Das mediale Sehen erfolgt über das sogenannte dritte Auge, die Zirbeldrüse.

Es gibt unterschiedliche Stärken des medialen Sehens, ebenso wie es unterschiedliche Sehstärken der physischen Augen gibt. Es ist sehr hilfreich, die Hellsichtigkeit mit verschiedenen praktischen Übungen weiterzuentwickeln und das mediale Sehen auf Wunsch gezielt einzusetzen und ebenso gezielt wieder abzustellen. Hellwissende glauben oft nicht, dass sie medial sehen können. Dabei liegt dies häufig daran, dass die empfangenen Bilder blitzartig empfangen werden. Dann kann man tief durchatmen und die Bilder noch einmal in Zeitlupe abrufen. Wenn das mediale Fühlen die stärkste Fähigkeit ist, sind die empfangenen Bilder meistens verschwommen. Hellhörige Menschen sehen häufig überhaupt keine Bilder. Das ist völlig in Ordnung!

Die Skeptiker unter den medialen Menschen stellen sich und ihre inneren Bilder oft selbst infrage. »Das habe ich mir bestimmt wieder eingebildet«, ist eine der häufigsten Aussagen medialer Seher. Dabei gibt es einen großen Unterschied zwischen Einbildung oder Imagination und medialem Sehen. Am

Beispiel verschiedener Empfangsgeräte und eines Bildschirms zur Darstellung der inneren Bilder kann man den Unterschied leicht erklären. Imagination ist, als würde man eine DVD in den DVD-Player einlegen und sich die gezielt ausgewählten Bilder dann auf dem Bildschirm anschauen. Mediales Sehen ist, als sehe man die über die Kabelbox empfangenen Signale auf dem Bildschirm, ohne vorab zu wissen, was jeweils gesendet wird. Der Bildschirm ist der gleiche, doch der Empfang ist unterschiedlich.

Beim medialen Sehen empfängt ein Medium ausgesendete Signale mit übersinnlichen Antennen. Ich werde im Folgenden erklären, wie der Empfang medialer Bilder verbessert werden kann. Außerdem präsentiere ich verschiedene Übungen zum Fokussieren auf Signale, die im Alltag empfangen und bewusst kontrolliert werden können.

Das dritte Auge und die Zirbeldrüse

Das dritte Auge spielt in vielen traditionellen Kulturen und Religionen eine wichtige Rolle. Das mediale Sehen, Visionen und Vorahnungen werden dem dritten Auge zugeschrieben, das mit einer winzig kleinen Hormondrüse im Zentrum des Gehirns in Verbindung steht – der Zirbeldrüse oder Epiphyse. Die pinienzapfenförmige Zirbeldrüse hat viele verschiedene Funktionen, die hier nicht alle aufgeführt werden können. In Zusammenhang mit dem medialen Sehen ist allerdings wichtig zu wissen, dass sie einen Stoff namens Dimethyltryptamin (DMT) produzieren kann, der unserem Gehirn ein besonderes visuelles Erleben ermöglicht. Stimuliert wird diese Wahrnehmung durch elektromagnetische Signale. Die Zirbeldrüse bildet Neurotransmitter wie die Hormone Serotonin und Melatonin. Das sind körpereigene Botenstoffe, die elektrische Impulse von den Nervenzellen an andere Zellen des Körpers weiterleiten. Wir sind täglich von einer Flut feinstofflicher Energiewellen und Informationen umgeben, die von unserer Zirbeldrüse empfangen werden. Um die Klarheit des medialen Sehens zu verstärken, ist es wichtig die Zirbeldrüse zu aktivieren und in ihrer Funktion zu unterstützen.

In der westlichen Welt ist die Funktion der Zirbeldrüse durch hohe toxische Belastung eingeschränkt, was dazu führt, dass sie verkalkt. Eine verkalkte Zirbeldrüse macht den klaren Empfang von feinstofflichen Signalen unmöglich. Die folgenden Übungen können, wenn sie regelmäßig gemacht werden, die Klarheit des medialen Sehens wiederherstellen und verstärken.

Tipps zur Aktivierung und Optimierung der Zirbeldrüse

- Täglich mehrere Stunden im Sonnenlicht verbringen.
- Regelmäßig Lichtmeditationen machen.
- Darm, Leber und Nieren entgiften.
- Oregano-Öl – ein paar Tropfen unter die Zunge geben.
- Apfelessig in verdünnter Form trinken.
- Täglich zwei bis drei Liter reines Quellwasser trinken.
- Yoga und Atemübungen machen.
- Koffein, Tabak, Alkohol, Quecksilber und raffinierten Zucker meiden.
- Strahlungsfelder, Mobiltelefone und Internetnetzwerke meiden.
- Fluoride in der Nahrung, im Trinkwasser und in Zahnpasta meiden.

- Die Ernährung mit Roter Bete, frischem Koriander, Ananas, Bananen, Avocados, Knoblauch, Zitronensaft, Kokoswasser, Chlorella-Algen (auch als Smoothie) ergänzen.

Übung 12

Entkalkung der Zirbeldrüse

- Beginne diese Übung in einem entspannten Zustand.
- Lass deinen Atem ruhig und tief fließen.
- Höre auf deinen Herzschlag.
- Lenke das Bewusstsein nun auf deinen Zeigefinger.
- Atme in diesen Finger – ein und aus – und spüre, dass dort Energie und Wärme entsteht.
- Nimm wahr, wie sich die Energie verstärkt und ein Lichtstrahl aus deinem Zeigefinger strömt.
- Atme tief weiter ein und aus, bis du die Energie und das Licht ganz deutlich wahrnimmst.
- Lege diesen Zeigefinger nun in die Mitte deiner Stirn.
- Sende die Energie in dein drittes Auge.
- Wenn du die andere Hand auf deinen Hinterkopf legst, bildet sich ein Energiefeld.
- Ganz intensiv fließt Licht in deine Zirbeldrüse mit der Information: klären und aktivieren.
- Mache diese Übung mehrmals täglich drei bis fünf Minuten lang.

Manchen Menschen macht ihre Fähigkeit, medial zu sehen, Angst. Sie fürchten sich davor, Verstorbene oder unangenehme Dinge zu sehen. Sie fürchten, diese Wahrnehmung nicht mehr abschalten zu können. Diese und andere Ängste sind Wahrnehmungsfilter und wirken als Blockaden für das Bewusstsein. Sie limitieren das mediale Sehen über das dritte Auge. Sie verhindern, dass wahrgenommen wird, was ist, wobei es keine objektive Realität gibt. In diesem Fall empfehle ich die Lichtmeditation »Lösen aus der Angstmatrix« auf meiner CD *Lichtmeditationen für den Bewusstseinswandel* sowie die CD zu diesem Buch. Als Medium wirke ich immer gemeinsam mit meinen lichtvollen Engeln auf der Schwingungsfrequenz der Liebe. Dort gibt es keine schrecklichen Bilder. Ich lehne es prinzipiell ab, für die Polizei zur Klärung von Mordfällen zu arbeiten. Es gibt genug andere Medien, die sich auf so etwas spezialisiert haben. Man ist als Medium durchaus in der Lage, seinen Einsatzbereich und die Sendestation zu wählen, bevor man auf Empfang geht.

In meinen QEH-Ausbildungen und in der Ausbildung zum Medium üben wir das mediale Sehen ganz gezielt. Innerhalb von zwei bis vier Tagen sind fast alle Teilnehmer in der Lage, Botschaften aus der geistigen Welt zu empfangen und Engel wahrzunehmen. Die energetische Reinigung, die Klärung von Angstblockaden und limitierenden Glaubensmustern, die Heilung von emotionalen Verletzungen, die Engelatmung (siehe mein Buch *Quantum-Engel-Heilung*) und die liebevolle Erhöhung der eigenen Schwingungsfrequenz sind die wichtigsten Hilfen dabei. Je höher die eigene Schwingungsfrequenz ist, desto leichter fällt die energetische Wahrnehmung der geistigen Welten.

Was jeder einzelne Seher wahrnimmt, kann sehr unterschiedlich sein, beispielsweise was Form, Farben, Größe, Lichtintensität und emotionale Wirkung (beschützend, heilend, aufmunternd etc.) betrifft. Das mediale Sehen muss auch nicht unbedingt die Wahrnehmung von Lichtwesen beinhalten. Mediales Sehen schließt auch die Wahrnehmung folgender Dinge/Phänomene ein:

- bildhafte Blitzlichter
- Lichtkugeln/Orbs
- Energiewirbel
- Farben und Schatten
- Umrisse von geistigen Wesen
- spontane Visionen (vergleichbar mit Traumbildern)
- innere Bilder, Bildsequenzen und innere Filme
- in die Luft geschriebene Buchstaben
- in die Luft geschriebene Zahlen
- Symbole
- Bilder aus anderen Zeitepochen (etwa aus der eigenen Kindheit)
- Bilder aus früheren Leben
- Bewegungen, die aus den Augenwinkeln wahrgenommen werden und die verschwinden, sobald man direkt hinsieht

Man kann das mediale Sehen nicht erzwingen. Es funktioniert nicht, indem man daran arbeitet und sich darauf konzentriert, denn es lässt sich nicht über den Intellekt erlernen, sondern nur über Entspannung, die Frequenz der Liebe und das entsprechende Bewusstsein herbeiführen. Es ist ganz natürlich, medial sehen und bewusst auf Empfang gehen zu können. Eine gut funktionierende Zirbeldrüse ist die nötige Hardware und die Energie der Liebe ermöglicht das angstfreie Empfangen von energetischen Signalen, auf die man sich ganz bewusst konzentriert. Und natürlich ist mediales Sehen auch Übungssache. Menschen, die beruflich als Medium arbeiten, verfügen über jahrelange praktische Erfahrung und Routine. Doch auch sie haben manchmal eine Phase, in der sie, beispielsweise nach einer längeren Pause, eine gewisse Anlaufzeit brauchen, bevor die Klarheit wieder gegeben ist. Außerdem kommt es auch bei Profi-Medien vor, dass sie Zweifel an ihren eigenen Fähigkeiten haben. In Zeiten von erhöhtem Stress, bei Krankheit oder in schwierigen Lebenskrisen kann man auch als Profi das Gefühl haben, wie abgeschnitten zu sein von seinen medialen Sinnen. Gerade dann, wenn man sie am meisten brauchen könnte!

Übung 13

Bereit für den Bildempfang

Du wählst für deine erste Übung eine dir gut bekannte, lebende, gesunde Person als »Sendezentrale« aus, beispielsweise deine Mutter oder beste Freundin.

- Beginne diese Übung in einem entspannten Zustand.
- Lass deinen Atem ruhig und tief fließen.
- Lenke deine Wahrnehmung auf dein Herz.
- Nimm das Licht deiner Seele und ihre liebevolle Schwingung wahr.
- Sieh, wie das Licht aus deinem Herzen sprudelt und sich überall ausbreitet.
- Mit jedem Atemzug dehnt sich das Licht weiter in deinem ganzen Energiefeld aus.
- Konzentriere dich nun auf dein drittes Auge.
- Vielleicht stellst du dir hier deine Zirbeldrüse als leuchtenden weißen Kristall vor.
- Der Kristall sendet ein Signal aus: Ich bin bereit zum Empfang!
- Wie man einen Radiosender einstellt, richtest du deinen Kristall

auf den Empfang von Signalen der ausgewählten Person aus (beispielsweise auf deine Mutter/Freundin, die etwas kocht).

- Du denkst ihren Vornamen oder sprichst ihn laut aus.
- Sieh vor deinen geistigen Augen, wie sie in der Küche steht und eine Mahlzeit zubereitet.
- Schau genau hin. Sei offen und empfange die Bilder. Erkenne, was sie heute kocht. Vielleicht nimmst du zusätzlich Energieimpulse mit deinen anderen medialen Sinnen wahr (beispielsweise kannst du das Essen brutzeln hören, riechen oder schmecken).
- Beobachte einfach, ohne zu analysieren. Lass den medialen Fluss weiter fließen.
- Wenn keine weiteren Bilder kommen, beendest du die Übung.

Es ist erstaunlich, wie einfach es ist. Du kannst die ausgewählte Person anrufen und ihr von deinen inneren Bildern erzählen. Meistens ist die Überraschung groß. »Woher weißt du, was ich heute gekocht habe?«, wird oft erstaunt gefragt. Solltest du nichts gesehen haben, liegt es wahrscheinlich daran, dass du dich zu sehr angestrengt hast. Bleibe in der liebevollen Leichtigkeit und wiederhole die Übung.

Du kannst jetzt eine andere Person auswählen, die du gut kennst. Schau auf die Uhr und notiere die genaue Uhrzeit. Aus praktischen Gründen solltest du die Übung tagsüber machen und nicht nachts, wenn die meisten Menschen schlafen. Bei dieser Variante gibst du nicht vor, wo sich die Person befindet, du weißt es auch gar nicht.

- Beginne auch diese Übung in einem entspannten Zustand.
- Lass deinen Atem ruhig und tief fließen.
- Lenke deine Wahrnehmung auf dein Herz.
- Nimm das Licht deiner Seele und ihre liebevolle Schwingung wahr.
- Sieh, wie das Licht aus deinem Herzen sprudelt und sich überall ausbreitet.

- Mit jedem Atemzug dehnt sich das Licht weiter in deinem ganzen Energiefeld aus.
- Konzentriere dich nun auf dein drittes Auge.
- Vielleicht stellst du dir hier deine Zirbeldrüse als leuchtenden weißen Kristall vor.
- Der Kristall sendet ein Signal aus: Ich bin bereit zum Empfang!
- Wie man einen Radiosender einstellt, richtest du deinen Kristall auf den Empfang von Signalen der ausgewählten Person aus.
- Du denkst ihren Vornamen oder sprichst ihn laut aus und stellst die Frage: »Wo bist du?«
- Sieh vor deinen geistigen Augen, wie diese Person auf deinem inneren Bildschirm erscheint.
- Schau genau hin. Sei offen und empfange die Bilder.
- Stelle jetzt die Frage: »Was machst du?«
- Erkenne, was die Person gerade macht.
- Du kannst die Person auch mit deinem geistigen Auge heranzoomen um sie noch deutlicher zu sehen.
- Welche Kleidung trägt die Person?
- Vielleicht nimmst du mit deinen anderen medialen Sinnen zusätzliche Energieimpulse wahr.
- Beobachte einfach, ohne zu analysieren. Lass den medialen Fluss weiter fließen.
- Wenn keine weiteren Bilder kommen, beendest du die Übung.

Bist du erstaunt, wie einfach es ist? Du kannst die ausgewählte Person anrufen und von deinen inneren Bildern erzählen. Meistens ist die Überraschung groß. »Woher weißt du, was ich heute um diese Zeit gemacht habe?«

Du kannst viele Varianten dieser Übung mit verschiedenen Personen, Orten oder auch Tieren machen. Vielleicht empfängst du manchmal Symbole oder Bilder, die du nicht eindeutig zuordnen kannst. Notiere sie dir einfach. Es kann sein, dass sie zwar für dich keinen Sinn machen, aber durchaus für die betreffende Person. Erinnere dich bitte immer an die ethischen Grundsätze: zu deinem Wohl und zum besten Wohle aller.

Es ist ganz normal, dass man manchmal medial ganz klar sehen kann und in anderen Situationen gar keine Bilder empfängt. Als ich vor vielen Jahren als Medium zu arbeiten begann, war ich mir gelegentlich unsicher, obwohl ich täglich medial tätig war. Ich erinnere mich an eine Klientin, die mir bei unserem Termin direkt gegenüber saß und mir unzählige Fragen stellte. Ich hatte an diesem Tag schon mit zwei anderen Klienten gearbeitet und da war die Energie wunderbar geflossen und alle Fragen konnten beantwortet werden. Nun stellte mir diese Klientin eine Frage zu ihrem geplanten Hausverkauf, und ich sah … gar nichts! Dann befragte sie mich zu ihrem verstorbenen Vater, und ich sah und hörte … wieder nichts! Es war mir unangenehm, und ich wunderte mich, dass ich wie vor einer dicken schwarzen Wand saß, hinter der sich meine Klientin versteckte. Nach einer halben Stunde stand sie auf und verabschiedete sich mit einer zickigen Bemerkung: »Wusste ich es doch! Mich kann kein Medium lesen. Ich war schon überall und niemand konnte meine Fragen beantworten.«

Sie hatte recht. Ihre selbst aufgebaute schwarze Energieblockade aus Angst sorgte dafür, dass sie keine Hilfe annehmen konnte.

An einem anderen Tag kam eine etwas faltige Hippie-Dame, die offensichtlich viel von ihrer Lebenszeit in der Sonne verbracht hatte. Sie war nett und witzig. Das mediale Gespräch lief gut und meine Engel zeigten mir ein Bild nach dem anderen. Viele Fragen aus ihrem Leben und dem ihrer kompletten Familie konnten durch Botschaften aus der geistigen Welt beantwortet werden. Es machte Spaß, mit ihr zu arbeiten. Dann erkundigte sie sich nach ihrer Gesundheit und fragte, was sie noch zur Gesunderhaltung tun könnte. Vor meinem geistigen Auge sah ich eine grüne klebrige Masse, die aussah wie Halloween Slime. Damit konnte ich überhaupt nichts anfangen. Ich bat meine geistigen Helfer um ein anderes Bild, konzentrierte mich – und sah schon wieder diesen grünen klebrigen Halloween Slime, diesmal mit einem Löffel dazu …

In solchen Situationen atmet auch ein gutes Medium erst einmal tief durch, denn nicht alle Bilder, Symbole und Botschaften sind verständlich. Aus Erfahrung weiß ich jedoch, dass sich die Botschaften meiner geistigen Helfer so lange wiederholen, bis sie vollständig empfangen und beim Klienten angekommen sind. Da hilft nur Vertrauen, das ich im Laufe der Jahrzehnte zu hundert Prozent entwickelt habe. Ich war aber auch damals schon mutig genug, ihr zu sagen: »Ich weiß nicht, was es zu bedeuten hat, aber die Engel haben mir grünen klebrigen Schleim mit einem Löffel gezeigt.«

So, nun war es raus und ich war auf ihre Reaktion gespannt. »Oh, wie schön«, rief sie ganz entzückt. »Das ist sicher mein neues Algenprodukt, das ich seit zwei Wochen nehme. Es kommt direkt aus Kalifornien, meiner alten Heimat, und entgiftet die Zellen ganz stark.« Ich lachte mit ihr über das empfangene Bild und bekam von den Engeln die Bestätigung, dass sie in der Tat ein gutes Produkt für sich entdeckt hatte, das ihre Gesundheit wirklich unterstützt. »Weiternehmen«, war die klare Botschaft für sie, auch wenn ich anfangs gar nichts damit hatte anfangen können.

Mediales Aurasehen

Unter den feinfühligen, medialen Menschen gibt es viele mit der natürlichen Gabe, die Aura, das strahlende Energiefeld von Lebewesen, in Farben wahrzunehmen. Bei diesen Farben handelt es sich um Schwingungsfrequenzen des Lichts, die unter bestimmten Umständen für das menschliche Auge sichtbar sind, und zwar als Spektralfarben ähnlich denen des Regenbogens.

Manche hellsichtigen Medien schauen sich die Aura eines Menschen an und lesen daraus Emotionen, Absichten, Blockaden, Krankheiten sowie die generelle Verfassung des Betreffenden ab. Mit der elektromagnetischen Kirlian-Fotografie ist es sogar möglich, die Aura abzulichten. Auf den Fotos sieht man die verschiedenen Aurafarben wie eine eiförmige Wolke um die abgebildete Person herum, besonders im Kopfbereich. Geübte Seher können aus den Farbnuancen ablesen, wie sich die Person fühlt, ob sie eher extrovertiert oder introvertiert ist, freudig strahlt oder Angst hat. Ängstliche Menschen haben ein schwaches, dünnes Aurafeld oder auch eine dunkle, löchrige Aura.

Oft werde ich gefragt, ob man lernen kann, die Aura zu sehen. Die Antwort ist: »Ja, besonders wenn man es nicht krampfhaft versucht.«

Wie bei allen medialen Sinnen geht es um das Wahrnehmen von feinstofflichen Schwingungsfrequenzen, die das Bewusstsein als codierte Information empfängt. Wir alle nehmen das Energiekörpersystem einer Person wahr, doch oft werden diese Informationen nicht bewusst registriert. Es ist ein wenig wie das Erlernen einer Sprache. Wir verstehen eine Fremdsprache erst dann, wenn wir gelernt haben, was die Töne und Geräusche, die jemand von sich gibt, bedeuten. In manchen Berufen ist es wichtig, die Sprache der Geschäftspartner zu verstehen und zu sprechen, in anderen spielt dies keine Rolle.

Tipps für das erfolgreiche Aurasehen

- Den Kopf ausschalten.
- Das Bewusstsein haben, dass es ganz leicht geht.
- Das Bewusstsein haben, dass alles möglich ist.
- Keine Erwartungen haben.
- Entspannt und ruhig sein.
- Freude am Empfang haben.
- Frei von Ängsten sein.
- Mit dem dritten Auge Lichtimpulse empfangen.
- Die physischen Augen defokussieren (nicht starren!).
- Die Farben spielerisch anschauen.

Wichtig ist, dass man am Anfang nicht interpretiert oder analysiert, weil man dann sofort wieder auf die Kopfebene wechselt, den wichtigen inhaltlichen Empfang auf der feinstofflichen Ebene blockiert und damit das Wesentliche verpasst.

Die Bedeutung der empfangenen Farben ist wirklich immer unterschiedlich. Man sollte als Medium nie eine vorgefertigte Meinung haben und einfach danach urteilen, sondern immer offen bleiben und sich beispielsweise fragen: »Was bedeutet die Farbe Rot, die ich wahrnehme, jetzt in diesem Moment für meine Klientin?«

Die Farben verändern sich sofort, wenn eine andere Emotion ins Spiel kommt. Emotion bedeutet ja nichts anderes, als dass Energie in Bewegung ist (*emotion = energy in motion*). Diese Energie trägt eine Information, aus der sich ein Schwingungsmuster ergibt, das sich im physischen Körper zum Beispiel als

Krankheit zeigen kann. Gute Seher und Heiler fragen immer die spezifische Information ab und haben keine festgefahrenen Meinungen zu einer bestimmten Farbfrequenz. Man kann jedoch davon ausgehen, dass dunkle Farben eher auf eine niedrige Schwingungsfrequenz hinweisen und helle Farben eher auf eine hohe.

Es ist auch möglich, dass beim Wahrnehmen der Aura plötzlich Bilder auftauchen: Pfeile, Messer, Schwerter, Schlangen, Wesenheiten und dergleichen. *Alles ist möglich* ist in diesem Zusammenhang eine hilfreiche innere Haltung. Als erfahrener QE-Heiler und geübtes Medium weiß man, wie diese Anhaftungen mithilfe der Engel entfernt werden können. Wenn man in der lichtvollen Energie der Liebe schwingt, braucht man vor gar nichts Angst zu haben.

Übung 14

Aurasehen leicht gemacht

Wenn du diese Übung spielerisch angehst und der Anleitung Schritt für Schritt folgst, wirst du deine ganz persönlichen Erfahrungen ohne jeden Erwartungsdruck und ohne Selbstzweifel machen können.

- Nimm einen weißen Zeichenblock (mindestens DIN A4) und male den Umriss einer Person auf dein Papier: eine Hülle mit angedeutetem Kopf (ohne Gesicht), Rumpf, Armen, Händen, Beinen, Füßen. Lege dir ein paar Buntstifte in den Regenbogenfarben bereit.
- Bitte einen Freiwilligen, sich vor eine weiße Wand zu stellen, entspannt zu lächeln und geradeaus zu schauen.
- Du setzt dich im Abstand von drei bis fünf Metern mit deinem

Zeichenblock vor diese Person. Du beachtest sie nicht weiter und sprichst auch nicht mit ihr.

- Erinnere dich, dass mediales Sehen ganz natürlich und leicht für dich ist.
- Sei ganz entspannt und schließe für einen Moment die Augen.
- Nimm das Licht deiner Seele im Herzen wahr.
- Sende einen Lichtstrahl aus deinem Herzen zu deinem Freiwilligen.
- Sende einen Lichtstrahl aus deinem dritten Auge zu deinem Freiwilligen.
- »Zum besten Wohle meines Klienten und zum besten Wohle aller erlaube ich mir, die Aura zu sehen.«
- Du bist auf mediales Sehen eingestimmt.
- Öffne die Augen, lass sie jedoch defokussiert (nicht ganz geöffnet).
- Nimm intuitiv irgendeinen deiner Buntstifte in die Hand.
- Betrachte deinen Freiwilligen gelassen und entspannt.
- Du wirst direkt um den physischen Körper des Freiwilligen herum ein zwei bis fünf Zentimeter breites Lichtband sehen oder ein Leuchten um seinen Kopf herum (wie ein Heiligenschein).
- Tauche in das Lichtband ein, ohne dir die Person genauer anzusehen. Du nimmst die Aura bereits wahr.
- Stell dir die Frage: »Wo gehört die Farbe dieses Stiftes hin?«
- Bringe wie von selbst (ganz versunken und spielerisch wie ein Kind beim Malen) die Farbe deines ersten Buntstiftes auf dein Blatt, an die Stelle in der Silhouette, wo du sie gesehen hast, beziehungsweise wo du weißt, dass sie hingehört, oder wo sie deinem Gefühl nach sein sollte.
- Schau noch einmal in die Aura und nimm deinen nächsten Buntstift. Deine medialen Sinne werden dich dabei führen.
- Hab Spaß dabei, die Aura deines Freiwilligen aufs Papier zu bringen.

- Male mit den Farben, die du wahrnimmst, ohne darüber nachzudenken.

Wie ein Künstler, der sein erstes Portrait malt, ist es für dich neu, die Aura zu sehen und aufs Papier zu bringen. Erwarte keine kräftigen Farben oder lebhaften Bilder. Dies ist eine spielerische Vorgehensweise. Es ist völlig in Ordnung, wenn du überhaupt nicht weißt, was die wahrgenommenen Farben bedeuten. Das kommt erst später durch andere praktische Übungen. Es ist aber auch möglich, dass du sofort energetische Botschaften und Empfindungen empfängst. Dann schreibe sie neben dein Aura-Portrait. Nun lass dich malen!

Einige ungeduldige Menschen glauben, es reiche, eine solche Übung ein einziges Mal gemacht zu haben, um automatisch und sofort bei jedem Menschen die Aura sehen zu können. Das ist nicht der Fall. Welche Fähigkeit man auch meistern möchte, Übung gehört immer dazu. Auch weise ich nochmals darauf hin, dass es wichtig ist, die Tür zum medialen Sehen öffnen und schließen zu können.

Meine Schülerin Katja hat schon am zweiten Tag ihrer Ausbildung ihre Fähigkeit zum medialen Sehen entdeckt. Sie wunderte sich, dass von da an alle Menschen aussahen wie große Ostereier mit Füßen. Egal, ob es der Kellner im Restaurant war, die anderen Seminarteilnehmer, mein Mann oder ich. Katja sah die Welt wirklich mit anderen Augen und war davon sehr abgelenkt. Am letzten Tag kam sie zu mir und erzählte mir davon. Sie machte sich Sorgen, ob sie in »ihrem Zustand« Auto fahren könne. Ich musste schmunzeln. Sie hatte schlicht und einfach vergessen, ihre mediale Tür wieder zu schließen, weil sie die vielen bunten Farben so schön fand (siehe Übung 18).

Mein Seminarteilnehmer Thomas berichtete mir neulich in einer E-Mail von seinen Erfahrungen beim Autokauf. Er glaubte, sich keinen Neuwagen leisten zu können, und entschied sich für einen Gebrauchtwagen. Der Autohändler war sehr umgänglich und freundlich und versprach Thomas einen Superdeal: ein zwei Jahre altes Auto für weniger als die Hälfte des Neupreises. Der Gebrauchtwagen sah gepflegt und neuwertig aus. Der Verkäufer lobte die Vorzüge des Autos in den höchsten Tönen, aber Thomas hörte nicht so sehr auf das, was er sagte, sondern achtete vor allem auf seine Aura. Außerdem hatte Thomas aufgrund seiner Hellfühligkeit ein komisches Gefühl in der Bauchgegend und spürte intuitiv, dass die Sache einen Haken hatte. Er erkundigte sich bei dem Händler, ob der Wagen schon einmal in einen Unfall verwickelt gewesen sei. »Nein, natürlich nicht!«, versicherte der Verkäufer. In diesem Moment sah Thomas, wie sich die Aura des Mannes veränderte. Sie sah dunkler und mehr gekräuselt aus. Für Thomas war das ein klares Zeichen dafür, dass seine Behauptungen nicht der Wahrheit entsprachen. Er bedankte sich für das Gespräch und sah sich einfach weiter auf dem Hof um. An einem anderen Tag traf er einen neuen, jungen Mitarbeiter des Autohändlers, der sehr offen und freundlich war. Auch ihn sprach Thomas auf den Wagen an, mit dem er geliebäugelt hatte. »Ja, das ist ein tolles Auto«, strahlte der junge Mann. »Man sieht gar nicht mehr, dass letzte Woche noch der ganze Kofferraum eingedrückt war. Wir haben eine super Werkstatt«, prahlte er. »Der Preis ist auch einmalig. Möchten Sie mal Probe fahren?« – »Nein, vielen Dank, ich bin mir sicher, dass ich dieses Auto nicht kaufen werde«, sagte Thomas.

Thomas freute sich, dass seine medialen Sinne ihm viel Geld und vermutlich auch großen Ärger erspart hatten. Er lehnte den vermeintlichen »Superdeal« ab und entschied sich kurz darauf doch für einen Neuwagen mit langfristiger Ratenzahlung. Alles ist möglich!

Muss man als Profi-Medium die Aura von Menschen sehen können? Die Antwort ist nein. Ich habe die oben beschriebene Übung in meiner Ausbildung zum Channel-Medium auch gemacht. Inzwischen nehme ich die Aura jedoch nicht mehr als Farben wahr, weil ich meinen Empfang auf einen anderen Sender eingestellt habe. Ich rufe die Informationen direkt aus dem gesamten Energiefeld eines Wesens ab. Das ist viel umfassender, sehr genau, mehr als eine Momentaufnahme und unabhängig von Zeit und Raum. Die Person braucht daher auch nicht anwesend zu sein. Man kann meine heutige Art, aus dem Feld zu lesen, mit einem Highspeed-Internetzugang vergleichen. Dazu gehört ein erweitertes Bewusstsein, das ich als Einheits- oder Seelenbewusstsein bezeichne. Wer wirklich selbst erfahren hat, mit allem eins zu sein, weiß, was ich damit meine. Mit meinen Schülern übe ich das in der 3M-Ausbildung™ zum modernen Medium.

Fernwahrnehmung (Remote Viewing)

Eine Sonderform des medialen Sehens ist das Remote Viewing, bei dem sich ein Seher mit seiner bewussten Wahrnehmung gezielt durch Raum und Zeit bewegt. Wie ist das möglich?

Wissenschaftler, die sich mit der Superstringtheorie beschäftigen, glauben, dass Materie, also auch alle Menschen, in elf Dimensionen gleichzeitig existieren, in zehn Raumdimensionen und einer Zeitdimension. Die Strings sind schwingende Fäden aus reiner Energie, die »Grundbausteine des Universums«. Das

Schwingungsmuster der Strings bestimmt die Teilchenart, die Schwingungsstärke die Teilchenmasse. Physiker und Mathematiker haben erkannt, dass Materie und Energie auf der subatomaren Ebene über Schwingungen miteinander kommunizieren können. Alles im Universum ist Energie und miteinander verbunden. Grenzenlos können mit dem entsprechenden Zugang über das Seelenbewusstsein die codierten Informationen von Energie entschlüsselt werden. Vor diesem Hintergrund wird unter anderem nachvollziehbar, wie Remote Viewing funktioniert.

Auf einer erweiterten Bewusstseinsebene ist es möglich, jeden beliebigen Ort mit dem geistigen Auge energetisch wahrzunehmen. Die Fernwahrnehmung funktioniert übrigens mit allen Sinnen. Auch Gerüche, Gefühle und Geräusche von entfernten Orten sind auf diese Weise erfahrbar. Man kann auf dieser Bewusstseinsebene in das Informationsfeld jedes Lebewesens und jedes Ereignisses eintauchen. Ich nenne das: aus dem Feld lesen über das geistige Internet. Dies geschieht unabhängig vom Ort und auch von der Zeit (Vergangenheit, Gegenwart, Zukunft), da Raum und Zeit auf dieser Ebene nicht existieren.

Anita und ihr Mann Horst sind Abenteurer. Sie haben schon die ganze Welt bereist und waren auch in Kriegs- und Gefahrenzonen sicher unterwegs. Beide sind in Remote Viewing ausgebildet und haben viel Erfahrung. Bevor sie eine Straße im Dschungel befahren oder per Boot reißende Flüsse überqueren, haben sie genau vor ihren geistigen Augen, was sie dort erwartet.

Die Native American haben Remote Viewing erfolgreich im Kampf gegen die sie verfolgenden US-Soldaten eingesetzt. Lozen, eine Apachen-Kriegerin und Seherin war die Schwester von Victorio, einem sehr bekannten Apachen-Häuptling, der Lozen als den Schutzschild seines Stammes bezeichnete. Sie konnte über viele Kilometer wahrnehmen, von wo und in welcher Anzahl sich die Feinde näherten, und so dafür sorgen, dass ihr Stamm ihnen ungesehen entkam. Lozen kämpfte auch an der Seite des berühmten Geronimo. In seinem Buch *Geronimo* beschreibt Alexander B. Adams, wie Lozen ein Gebet sprach und sich mit ausgestreckten Armen ganz langsam im Kreis drehte. Dabei sendete sie elektromagnetische Schwingungswellen aus und spürte genau, wenn diese in Berührung mit den Schwingungsfrequenzen eines anderen lebenden Organismus kamen. Mit ihrem inneren Auge konnte sie dann in dieses Feld zoomen und sehen, was oder wer genau sich dort bewegte. Das war ihre Form des Remote Viewing. Sie ist vergleichbar mit einem Radarschirm, der Schwingungsfrequenzen von annähernden Flugzeugen wahrnimmt.

In der heutigen Zeit wird Remote Viewing von erfahrenen Medien in Zusammenarbeit mit der Polizei ausgeübt, beispielsweise beim Aufspüren von vermissten Personen und bei der Aufklärung von Kriminalfällen. Bei Naturvölkern, etwa den Native American, werden Remote Viewer zum Aufspüren von unterirdischen Wasserreservoirs eingesetzt. Menschen mit solchen Fähigkeiten sind in der heutigen Zeit auch bei der Suche nach Bodenschätzen oder Erdölvorkommen sehr gefragt. Auch die Geheimdienste und das Militär haben Remote Viewer, die unter anderem zu Spionagezwecken eingesetzt werden.

Es gibt keine Grenzen für die Einsatzmöglichkeiten des Remote Viewing, wohl aber eine ethische Verantwortung und gesundheitliche Argumente, die dagegen sprechen. Es ist keineswegs »einfach cool«, sich energetisch in das Energiefeld eines Ortes oder einer Person zu begeben.

Remote Viewing auf der Basis einer Bewusstseinserweiterung sollte auch nicht mit einer Astralreise verwechselt werden, bei der es sich um eine außerkörperliche Erfahrung handelt. Bei der Fernwahrnehmung sind die Vorgehensweise und die Zielauswahl von großer Bedeutung. Es ist wichtig, gut geschult und geübt zu sein, damit man in einem neutralen Beobachterstatus bleiben kann, was die emotionale und energetische Trennung ermöglicht. Es gibt verschiedene energetische Maßnahmen, die vor der Kontaminierung durch unerwünschte Energien und Emotionen schützen. Dazu gehört auf jeden Fall, dass man in seinem physischen Körper und im Wachzustand bleibt.

Die Schülerin Lydia hatte ihre natürliche Gabe für die Fernwahrnehmung entdeckt und setzte sie ein, um nach ihrer sterbenden Großmutter im Krankenhaus zu schauen. Sie unternahm zusätzlich Astralreisen, ohne sich über deren möglicherweise schädlichen Konsequenzen bewusst zu sein. Sie schaute täglich auf diese Art bei ihrer Großmutter vorbei, was ihr zunächst praktisch erschien, auch weil sie durch ihre Abiturprüfungen so wenig Zeit hatte, mit dem Bus zum Stadtkrankenhaus zu fahren. Der monatelange Sterbeprozess ihrer an Krebs erkrankten Oma war jedoch traumatisch für Lydia. Sie war unerfahren und kam unbeabsichtigt in Kontakt mit negativen Astralwesen. Sie hatte auch nie gelernt, sich energetisch zu trennen. Sie war nicht in Remote Viewing geschult und hat somit einiges durcheinandergebracht. Lydia wurde aus diesem Grund kurz vor der mündlichen Abiturprüfung psychisch krank.

Es gibt auch professionelle Medien, die sich durch Unvorsichtigkeit bei dieser Tätigkeit ein Trauma eingefangen haben. Wer Remote Viewing betreibt, sollte also wissen, worauf er sich einlässt, mit wem oder was er es zu tun haben wird und warum er dafür Remote Viewing einsetzen möchte. Wenn diese Voraussetzungen erfüllt sind, kann man Remote Viewing auch im Alltag einsetzen.

Gabi und Frank leben in einer kleinen Kreisstadt in Süddeutschland. Bevor sie am Samstag zum Einkaufen auf den Markt fahren, schauen sie sich vorher aus der Ferne an, welcher Stand das frischeste Gemüse und Obst hat und welche Straßen möglicherweise gesperrt sind, damit sie Zeit und Geld sparen. Im Prinzip schauen sie in vielen Alltagssituationen mit Fernwahrnehmung auf die jeweilige Situation, wenn das Portemonnaie verloren ist, wenn ein Urlaubsziel ausgewählt werden soll, wenn ein anderes Auto gekauft wird, wenn ein Familienfest ansteht. Keine Alltagssituation ist zu banal, als dass sie nicht durch den Einsatz medialer Fähigkeiten leichter geregelt werden könnte.

Katarinas Mann konnte nach ihrem Ableben weder Kontoauszüge und Versicherungsunterlagen noch das Testament finden. Er bat ein Medium um einen Jenseitskontakt mit seiner verstorbenen Frau. Als der Kontakt zu Katarinas Seele hergestellt war, bekam das Medium von ihr einen wichtigen Hinweis zu einem Versteck. Via Remote Viewing sah das Medium einen Schreibtisch in einem Kellerraum, in dem sie alle wichtigen Unterlagen aufbewahrt hatte. Das Medium beschrieb auch den Riegel einer Geheimschublade, in der Katarina einen größeren Bargeldbetrag versteckt hatte. Zum Abschluss versicherte Katarina ihrem Mann, wie sehr sie ihn liebe und versprach, auf ihn zu warten. Diese Sitzung hatte sich also in jeder Hinsicht gelohnt und war tief berührend für den Klienten.

4. Mediales Hören

Diese Form der medialen Wahrnehmung wird auch Hellhörigkeit genannt. Es handelt sich um eine außersinnliche Erfahrung, die auf verschiedene Arten erlebbar ist. Wenn diese Erfahrung mit dem Hören der inneren Stimme oder der eigenen Gedanken vergleichbar ist, spricht man von subjektiv medialem Hören. Objektiv mediales Hören ist vergleichbar mit dem Hören einer Stimme am Telefon oder wenn jemand direkt zu uns spricht. Es ist vom üblichen Hören nicht zu unterschieden. Das medial Gehörte kann subtil und leise sein, aber auch als Ton oder in sprachlicher Form ganz laut wahrgenommen werden.

Wie vielen von uns bekannt ist, erfolgt das Hören über die Wahrnehmung von Schallwellen/Schwingungsfrequenzen, die auf das Trommelfell treffen und dann als Signale weitergeleitet werden, bis sie im Gehirn entschlüsselt, d.h. verstanden werden. Das ganze Universum kommuniziert über Schwingungsfrequenzen. Manche können wir durch Hören wahrnehmen, andere nicht. Bei feinfühligen, medialen Menschen ist der Wahrnehmungsbereich für Schwingungsfrequenzen größer. Vergleichbar ist dies mit der Wahrnehmung einer Hundepfeife, deren Ton in der Regel außerhalb des menschlichen Hörspektrums liegt, von Hunden aber laut und klar gehört werden kann.

Die beim medialen Hören wahrgenommenen Signale kommen von unterschiedlichen Sendern. Das mediale Hören hängt davon ab, in welchem Frequenzbereich man die energetischen Schwingungen empfängt. Es ist daher entscheidend, dass man sich bewusst auf einen »Sender« einstellen und andere Signale ausfiltern kann.

Mediales Hören der eigenen Seele

Das Empfangen von Botschaften der Seele wird auch als Hören der sogenannten inneren Stimme bezeichnet. Wenn man mit sich und seiner Welt in Harmonie ist, fällt es einem leicht, auch mit der liebevollen Schwingung der eigenen Seele in Einklang zu sein. Die Fähigkeit, die Botschaften der eigenen Seele medial zu hören, ist sehr hilfreich für ein Leben in Leichtigkeit und Freude. Man fühlt sich geführt, ruhig und sicher, es gibt keine Zweifel. Üben kann man diese Form der medialen Wahrnehmung am besten in der Stillemeditation (Meditation ohne Musik). Auch Spaziergänge in der Natur sind geeignet, wenn es darum geht, in die Stille zu gelangen und die eigenen inneren Botschaften zu hören. Man sollte dabei jedoch unbedingt darauf achten, dass die wahrgenommenen Botschaften nicht aus dem eigenen Ego aufsteigen. Egobotschaften sind leicht daran zu erkennen, dass ihre Schwingungsfrequenzen schneller sind als die von Seelenbotschaften. Sie machen sofort nervös, zweifelnd und ängstlich.

Rita meditiert seit vielen Jahren und ist im medialen Hören ebenso geübt wie in der Kommunikation mit ihrer Seele. Ihr Sohn Steve ist ein gesunder, sehr sportlicher Teenager, der sehr selten krank ist. An diesem Tag hatte er allerdings schon morgens beim Aufstehen erhöhte Temperatur gehabt. Er war trotzdem zur Schule gegangen und kam am Nachmittag mit unerklärlichen Schmerzen in der Brust nach Hause. »Ich ruh mich mal aus und mache später meine Hausaufgaben«, sagte er.

Rita machte sich zunächst keine Sorgen. Weil sie von zu Hause aus arbeitete, war sie ja in der Nähe ihres Sohnes. Mitten in ihrer Computerarbeit meldete sich plötzlich eine bekannte Stimme.

Ihre Seele sagte laut und unüberhörbar: »Schau sofort nach deinem Kind!« Sie eilte ins Wohnzimmer, wo Steve mit glühend rotem Kopf im Sessel schlief. Seine Stirn war heiß und Rita wusste sofort, dass er hohes Fieber hatte. Er schlug die Augen auf. Sie waren rötlich, und er schaute kraftlos ins Leere. Wieder hörte Rita die wohlbekannte Stimme: *Emergency Room* (»Notaufnahme«). Rita blieb trotz der offensichtlichen Notsituation ganz ruhig, hüllte ihren Sohn in eine Decke ein, packte ihn ins Auto und fuhr mit ihm zur Notaufnahme des Krankenhauses. Sie wusste intuitiv, dass es richtig war, Steve dort hinzubringen. Die Untersuchungen der Ärzte dauerten eine gute Stunde und bestätigten, dass sie richtig gehandelt hatte. Steve hatte eine Lungenentzündung, die praktisch aus dem Nichts gekommen war. Er bekam die nötigen Medikamente und Rita wusste, dass sie, geführt von der eigenen Seele, ihrem Sohn an diesem Tag das Leben gerettet hatte.

Übung 15

Empfangen des eigenen Seelencodes

Auf meiner CD *Cosmic Recoding* gibt es eine geführte Meditation zur Kontaktaufnahme mit der eigenen Seele. Mit der nächsten energetischen Übung auf dieser CD kann man sich für den jeweiligen Tag auf die Schwingungsfrequenz einschwingen, mit der man in Einklang sein möchte (etwa ein stressfreier, glücklicher Tag mit der Familie oder im Büro oder was auch immer ansteht). Dann bekommt man von der Seele eine Zahl als Tagescode gezeigt, mit deren Hilfe man sich an diese Schwingungsfrequenz erinnern kann und somit genau mit ihr in Einklang bleibt. Damit ist man der bewusste Schöpfer seiner eigenen Realität.

In der hier beschriebenen Übung bekommt man von der Seele einen verbalen Code, mit dem man sicherstellen kann, dass die im Alltag medial gehörten Botschaften auch wirklich von der Seelenebene kommen. Dieser Code kann aus einer Silbe bestehen, einem Stichwort, mehreren Worten oder einem kurzen Satz. Das hat *nichts* mit Cosmic Recoding zu tun. Es geht hier lediglich um das klare Erkennen medialer Botschaften der Seele im Alltag.

Lege dir einen Stift und ein Blatt Papier bereit, damit du dir diesen verbalen Seelencode aufschreiben kannst.

- Beginne diese Übung in einem entspannten Zustand.
- Lass deinen Atem ruhig und tief fließen.
- Öffne eine energetische Tür an deinem Kopf und neige deinen Kopf zur linken Schulter.
- Lass alle störenden Gedanken und Informationen aus deinem Kopf fließen.
- Neige deinen Kopf nun zur anderen Seite. Nimm wahr, wie auch dort störende Gedanken und limitierende Informationen durch eine energetische Tür hinausfließen.
- Halte deinen Kopf wieder gerade und entspanne den Nacken und die Schultern.
- Lenke deine Wahrnehmung nun auf dein Herz.
- Nimm dort das Licht deiner Seele und ihre liebevolle Schwingung wahr.
- Bitte deine Seele um einen Seelencode für den kommenden Tag.
- Sieh, wie das Licht aus deinem Herzen sprudelt und sich überall ausbreitet.
- Mit jedem Atemzug dehnt sich das Licht weiter aus und erfüllt dein ganzes Energiefeld.
- Es bildet nun einen dichten Lichtstrahl, der aussieht wie ein Laserstrahl.

- Stelle die Frage: »Welche Schwingung ist heute die beste für mich?«
- Sieh, wie der Lichtstrahl ein Wort in die Luft schreibt.
- Höre das Wort als mediale Botschaft deiner Seele.
- Nimm diese Botschaft mit all deinen Sinnen wahr und spüre die dazugehörige Schwingung.
- Sprich das Wort (die Silbe/den Satz/den Namen) dreimal laut aus.
- Atme weiter tief und ruhig.
- Du hast dich auf deinen Seelencode eingestimmt.
- Schreibe ihn auf.

Der Seelencode hat die Frequenz deiner Seele. Er ist wie ein Lügendetektor, der eventuelle Abweichungen von dieser Frequenz sofort aufspürt. Wenn du an diesem Tag Entscheidungen treffen musst und dabei Ängste und Zweifel spürst, erinnere dich an deinen Seelencode. Er wird dafür sorgen, dass du dich automatisch wieder sicher und wohl fühlst. Achte auch darauf, ob du diesen Seelencode im Laufe des Tages als innere Botschaft empfängst oder ob »zufällig« jemand dieses Wort oder diesen Satz zu dir sagt. Vielleicht hörst du deinen Seelencode auch als Lied im Radio oder gesprochen im Fernsehen oder jemand ruft dich an und sagt ihn dir. Es ist sehr spannend zu beobachten, wie das mediale Hören subjektiv und objektiv erfolgen und die Lebensqualität verbessern kann.

Sebastian ist Unternehmer. Er führt ein hektisches Leben, ist viel auf Reisen und nimmt sich trotzdem jeden Tag fünf Minuten Zeit, um von seiner Seele den Tagescode zu erfahren. Kurz nach dem Aufstehen macht er die oben beschriebene Übung. Er kann sich gut mit seiner Seele verbinden und spürt sofort die Wärme im Herzen. Manchmal kann er das Licht seiner Seele deutlich sehen, inklusive der in die Luft geschriebenen Worte, manchmal sieht er gar nichts und hört lediglich die mediale Botschaft seiner Seele. Heute hörte er: »Nummer zwei!« Damit konnte er zunächst gar nichts anfangen. Das machte ihm aber überhaupt nichts aus, denn er hatte Freude an dieser Übung und schon so manche Überraschung damit erlebt. Er scherzte mit seiner Seele und wartete insgeheim auf die Lottozahlen, damit sein stressiges Leben bald ein Ende habe. Vielleicht war die Zwei der Anfang, die erste Nummer von sechs Richtigen. Er dachte nicht weiter darüber nach und fuhr über die schneebedeckte Fahrbahn ins Büro, um seine Unterlagen abzuholen. Vom Büro aus nahm er ein Taxi. Er würde heute nach Frankfurt fliegen, hatte viele Termine und dachte nur daran, dass er am selben Tag abends noch einen wichtigen Vortrag halten musste. Vor dem Bürogebäude wollte er in das erste Taxi steigen, das am Taxistand wartete. Plötzlich hörte er eine laute Stimme in seinem Kopf: *Nummer zwei.*

Er erkannte, dass dies eine mediale Botschaft war, und wusste intuitiv, dass er in das zweite Taxi einsteigen sollte. Der Fahrer des ersten Wagens schaute zwar etwas verdutzt, doch das störte Sebastian gar nicht. Er sah auch, wie ein anderer gestresster Fahrgast kurz darauf in das erste Taxi einstieg. Beide Wagen fuhren fast gleichzeitig los. Der erste Taxifahrer hatte es offenbar sehr eilig. Schon in der ersten Kurve wechselte er die Fahrbahn, ohne nach hinten zu schauen. Sebastian hörte nur noch einen lauten Knall und fuhr in seinem Taxi »Nummer zwei« sicher an der Unfallstelle vorbei. Wenn er in das erste Taxi eingestiegen wäre, hätte er mit großer Wahrscheinlichkeit seinen Flieger verpasst und seinen wichtigen Vortrag nicht halten können.

Schlüssel zum Erfolg beim medialen Hören

- Regelmäßig meditieren.
- Ein energetisch klarer Empfangskanal sein.
- Positive Intentionen zum besten Wohle aller setzen.
- Sich auf eine selbst gewählte Frequenz konzentrieren.
- Bewusst und liebevoll Kontakt mit dem »Sender« aufnehmen.
- Freude am medialen Empfang haben.
- Frei von Stress und Erwartungen sein.
- Achtsam auf Stimmen reagieren, die im Innern gehört werden.
- Schlüsselwörter erkennen.
- Bei Nichtverstehen mehrmals nachfragen.
- Auch hohe Pfeiftöne als empfangene Schwingungsfrequenzen anerkennen.
- Empfang über andere mediale Sinne zulassen.
- Bewusstes Abstellen des Empfangs (Tür schließen; siehe Übung 17).

In der Kommunikation mit der geistigen Welt werden ihre Schwingungsfrequenzen und Signale vom Gehirn des Mediums oft als Schlüsselwörter empfangen. Erwarte am Anfang nicht unbedingt ganze Sätze. Freue dich vielmehr über die Klarheit einer Botschaft, auch wenn sie »nur« aus einem Wort besteht. Natürlich ist es möglich, dass auch Anfänger mehrere Sätze oder ganze Gedichte über das mediale Hören empfangen. Es gibt keine Einschränkungen, alles ist möglich.

Mediales Hören von Musik

Viele erfolgreiche Musiker, etwa Sir Elton John und Michael Jackson, haben ihre Musikstücke nach eigenen Aussagen in wenigen Minuten komponiert. Aus meiner Sicht haben sie ihre Songs über mediales Hören empfangen und aufgeschrieben. Auch von berühmten Komponisten klassischer Musik, etwa Wolfgang Amadeus Mozart, wird behauptet, sie hätten ihre Musik gechannelt, also als Download von anderen Schwingungsebenen empfangen. Interessant ist, dass es Medien gibt, die mit verstorbenen Komponisten in medialem Kontakt stehen.

Eines der bekanntesten Musikmedien des 20. Jahrhunderts war die Britin Rosemary Isabel Brown. Sie war eine bescheidene Frau, die als Postangestellte arbeitete und außer Klavierunterricht keinerlei musikalische Ausbildung besaß. Schon als Kind war ihr ein Geistwesen erschienen, das sie später als Franz Liszt identifizieren konnte. Doch erst später, nachdem ihr Mann früh verstorben war und sie in spiritistischen Zirkeln Trost suchte, fand sie zu ihrer eigentlichen Berufung und arbeitete als Musikmedium. Über das mediale Hören empfing sie die Musik verstorbener Komponisten wie Franz Liszt, Claude Debussy, Franz Schubert, Frédéric Chopin, Johann Sebastian Bach, Ludwig van Beethoven und anderen. Diese berühmten Komponisten erschienen Rosemary und diktierten ihr Musikstücke aus dem Jenseits, die sie entweder hörte oder über automatisches Schreiben Note für Note aufzeichnete. Ihre spektakuläre Arbeit machte sie international bekannt, und sie veröffentlichte 400 ihrer medial empfangenen Werke, die von Musikexperten als authentisch anerkannt wurden. Natürlich gab es auch Kritiker, die ihre Arbeit in Zweifel zogen, aber die gibt es beim Thema Medialität immer.

Dabei kennen die meisten Menschen Situationen, wo ihnen plötzlich ein Lied in den Sinn kommt, das für sie bedeutungsvoll ist oder dessen Bedeutung sie später erkennen.

Martin ist Sänger in einer Band, spielt Gitarre und Klavier und singt schon am Morgen unter der Dusche. In seinem Kopf hört er viele Songs und die Songtitel kommen oft als medial gehörte Botschaften zu ihm. *Don't worry, be happy* hörte er an diesem Morgen, als seine Schwester starb. Er wusste, dass sie in einem kritischen Zustand war, aber alle Familienangehörigen hatten bis zuletzt auf ein Wunder gehofft. *Don't worry, be happy, Don't worry, be happy* hörte er in seinem Kopf. Er wusste sofort, dass diese Botschaft von seiner Schwester kam und erhielt ein paar Minuten später einen Anruf von seiner Mutter. Sie sagte unter Tränen: »Martin, Anna ist heute Morgen in Frieden eingeschlafen.«

Die Beerdigung erfolgte eine Woche später. Gemeinsam mit seinen Eltern fuhr er im Auto zur Friedhofskapelle. Sie sprachen kein Wort, bis Martin es nicht mehr aushielt und das Radio anstellte. Sie alle hörten das Lied, das nun aus dem Radio kam: *Don't worry, be happy*. Martin erzählte seinen Eltern, dies sei eine mediale Botschaft von Anna. Sie waren natürlich traurig, doch auch dankbar und erleichtert, dass Anna nach langer Krankheit von ihrem Leid befreit war.

Mediales Hören von Gedanken

Für gesunde mediale Menschen ist es ganz normal, die eigene innere Stimme zu hören. Wer gelernt hat, sich auf eine Sendefrequenz einzustellen, kann auch die Gedanken anderer in unterschiedlicher Lautstärke im Inneren seines Kopfes hören.

In Partnerschaften, wo die Partner, wie es so schön heißt, im Gleichklang schwingen, hört oft der eine die Stimme des anderen. Für mich und meine Familienmitglieder ist das die Norm. Das nennt man auch Telepathie oder Hyperkommunikation und es gibt wissenschaftliche Studien, die beweisen, dass es auch wirklich funktioniert.

Für mediale Menschen ist es selbstverständlich, dass sie die Gedanken anderer Menschen hören können. Dabei spielt es keine Rolle, ob diese Menschen im selben Raum sind oder weit entfernt. Es ist auch möglich, die Gedanken von Tieren zu empfangen, von Naturwesen, von Lichtwesen, von Verstorbenen etc. Wir sind alle energetisch miteinander verbunden in einem Informationsfeld, das ich als das kosmische Internet bezeichne.

Von großer Bedeutung ist hierbei, dass die Kommunikation selbst- und nicht fremdbestimmt ist. Mediale Menschen, die ungewollt Stimmen in ihrem Kopf hören, können Probleme bekommen, in eine Krise geraten und sogar schwere psychische Krankheiten entwickeln. Der erste Schritt, um dies zu verhindern, ist die energetische Reinigung von möglichen Anhaftungen und Fremdenergien. Wenn es fremde, häufig unangenehme, kontrollierende oder sogar bedrohliche Stimmen sind, handelt es sich in der Regel um Besetzungen. Dies ist ein wichtiges Thema, das bei allem Enthusiasmus für die mediale Kommunikation nicht außer Acht gelassen werden sollte. Die Psychiatrien sind voll mit sensitiven Menschen, leider auch schon Kindern und Jugendlichen, die selbstmordgefährdet sind, weil sie von Fremdenergien negativ beeinflusst werden. Ich habe über zwanzig Jahre Erfahrung in diesem Bereich und kann nur dringend raten, bei Bedarf professionelle Hilfe anzunehmen.

Es gibt auch in Europa bekannte Medien, die behaupten, dass es negative Wesenheiten und Besetzungen gar nicht gibt. Leider gibt es sie genauso, wie es Engel gibt. Es ist fahrlässig und potenziell gefährlich, diese Tatsachen zu verschweigen. Bei mir gehört es selbstverständlich zur Ausbildung, dafür zu sorgen, dass sich angehende Medien auch auf diesem Gebiet gut auskennen und wissen, was man tun kann, wenn beispielsweise Klienten aufgrund von Fremdenergien Probleme haben.

Schutz vor negativen Energien

Die Antwort auf die Frage, wie man sich am besten vor negativen Energien schützt, ist im Prinzip ganz einfach und wurde schon in der antiken Weissagungsstätte, dem Orakel von Delphi gegeben. *Gnothi Seautón* (»Erkenne dich selbst«) stand über dem Eingang des Apollotempels. Doch was bedeutet das in diesen Zusammenhang?

Hast du dich selbst erkannt? Welche Antwort hast du auf die Frage: *Wer bist du?*

Die meisten Menschen beantworten diese Frage mit ihrem Namen: »Ich bin die Andrea« oder ihrem Beruf: »Ich bin Erzieherin, Managerin …« oder ihrer sozialen Zugehörigkeit: »Ich bin die Tochter/Frau von …«. Sie definieren sich also über eine Rolle, die sie mehr oder weniger bewusst spielen.

Die »spirituellen Touristen«, wie ich sie nenne, haben noch ein paar andere interessante Antworten auf Lager: »Ich bin ein himmlisches Wesen, das eine irdische Erfahrung macht« oder »Ich bin brennendes Licht« und andere aufgeschnappte Definitionen, die nur eines zeigen, nämlich dass sie überhaupt nicht wissen, wer sie in Wirklichkeit sind. Und genau das ist die häufigste ehrliche Antwort: »Ich weiß es nicht.«

Selbsterkenntnis und das innere Wissen darum, wer man ist, ist der wichtigste Schritt zum Verständnis des Universums und Gottes. Derjenige, der im Seelenbewusstsein und damit im Gottesbewusstsein angekommen ist, braucht keinen Schutz vor potenziell negativen Energien mehr. Er ist ein wahrer Meister und kann die negativen Schwingungsmuster allein mit seinem Bewusstsein verändern. Buddha war ein solcher Meister. Er hat die Pfeile und anderen Waffen der angreifenden Dämonen in Blütenblätter verwandelt.

Wenn man erkannt hat, dass man die Energie der Liebe ist, wenn man das eigene Licht der Seele kraftvoll leuchten lässt, gibt es auch keine Negativität oder Dunkelheit die bedrohlich wäre.

Vielleicht bist du noch nicht ganz im Gottesbewusstsein angekommen – ich übrigens auch noch nicht. Doch das ist die Antwort auf die oben gestellte Frage.

Morpheus hat im Film Matrix gesagt:

> Neo, früher oder später wirst du genau wie ich erkennen,
> dass es einen Unterschied gibt zwischen
> den Weg kennen und den Weg gehen.

Ich bin schon eine ganze Weile auf dem Weg unterwegs und kenne ihn gut. Es gibt viele Schritte und Einweihungen auf diesem Weg, doch wir alle können nur einen Schritt nach dem anderen tun. Dabei machen wir unterschiedliche Erfahrungen und haben unterschiedliche persönliche Bedürfnisse. Wenn es dir hilft, dich mit deinen bisherigen Ritualen und Hilfsmitteln vor negativen Energien zu schützen, dann kannst du das auch weiterhin so machen. Prüfe nur, welche Emotion dem zugrunde liegt. Wenn es Angst ist, bedenke, dass genau das, wovor wir Angst haben, oft unsere Realität wird, weil wir die Schöpfer unserer Realität sind. Ob dies bewusst oder unbewusst geschieht, ist dabei unerheblich. Frei von Angst und voller Liebe zu sein sowie von innen heraus lichtvoll zu strahlen, ist der beste Schutz.

Einen wichtigen Satz gebe ich meinen Schülern und Lesern gern mit auf den Weg: *Ich bin die Kraft Gottes für mich.*

Diesen Satz mehrmals am Tag zu sagen und seine Schwingungsfrequenz im Herzen zu spüren, wird dich mit der tiefen Bedeutung dieser Wahrheit in Einklang bringen. Es kann gar nicht anders sein. Du wirst deine Seelenschwingung erkennen und deine eigene Göttlichkeit leben.

Der mediale Türsteher

Auch auf die Frage, wer dein medialer Türsteher ist, solltest du eine Antwort haben, damit du mit deiner Medialität gut umgehen kannst.

Bevor du über deine medialen Kommunikationswege beispielsweise mit Seelen Kontakt aufnimmst, empfehle ich dir, Übung 4 »Der goldene Filter« zu machen und einen »Türsteher« zu engagieren, der den Auftrag hat, nur die Gäste in deinen energetischen Raum zu lassen, die du eingeladen hast. Wer nicht auf der Gästeliste steht, muss draußen bleiben. Du kannst beispielsweise den Erzengel Michael bitten, dein medialer Türsteher zu sein, damit du dich als Medium auf deine eigentlichen Aufgaben konzentrieren kannst.

Übung 16

Einladen eines medialen Türstehers

- Atme tief durch und gehe mit deinem Bewusstsein in dein Herz.
- Erinnere dich: *Ich bin Liebe. Ich bin Licht. Ich bin Seele.*
- Das Licht deiner Seele strahlt aus deinem Herzen in deinen ganzen Körper und darüber hinaus (ca. 5 bis 8 Meter).
- Du kannst beobachten, wie dein Lichtkörper hell und klar strahlt.
- Es fühlt sich angenehm und sicher an.
- Über dein Herz sendest du nun auf der Seelenebene ein Signal an Erzengel Michael (oder Jesus Christus, Buddha etc.) und stellst eine Verbindung her. Dann sagst du:

  »Bitte komme zu mir und leuchte mit deinem Licht, sodass ich noch klarer sehen und noch besser medial wahrnehmen kann. Leuchte auch auf meine Schatten, damit ich frei von Angst und Ego meinem Klienten dienen kann. Bitte bewache meine mediale Tür und schütze mich und meinen Klienten mit deinem Licht.«
- Beobachte, wie sich das lichtvolle Energiefeld verstärkt und Erzengel Michael an deiner Seite ist.
- Ungebetene Gäste werden von seinen Legionen in ihr Paradies geführt.

Dein aktivierter goldener Filter ist undurchdringlich für Fremdenergien und disharmonische, krank machende Schwingungsfrequenzen. In einigen Fällen bringen Klienten, allerdings ohne es zu wissen, ungebetene Gäste mit, die dein medialer Türsteher nicht einlassen wird.

Warum die mediale Tür wieder geschlossen werden sollte

In Teil 2 dieses Buches haben wir das Hauptaugenmerk auf das Trainieren der medialen Sinne und auf die Kontaktaufnahme mit der geistigen Welt gelegt. Wer die bisher beschriebenen Übungen regelmäßig macht, hat in der Regel keine Probleme damit, die mediale Tür zu öffnen und mit der geistigen Welt zu kommunizieren.

Für feinfühlige Menschen ist es aber noch wichtiger, die mediale Tür wieder zu schließen, damit sie im Alltag gut geerdet und »normal« weiterleben können. Auch hierin bekommt man mit viel Übung Routine und irgendwann geht das Öffnen und Schließen von ganz allein wie das Autofahren. Allerdings sollte man die ersten Fahrstunden und weitere Fahrpraxis am Steuer eines hochempfindlichen Vehikels zu seinem eigenen Wohl und zum Wohle anderer nicht überspringen.

Feinfühlige Menschen, die nicht gelernt haben, die Flut der über die medialen Sinne hereinkommenden Informationen bewusst zu steuern und zu begrenzen oder wie einen Radiosender ganz abzustellen, sind häufig damit überfordert und können sogar daran erkranken. Emotionale und mentale Störungen, Nervenzusammenbrüche, Burn-out und schwere Depressionen können die Folge sein.

Das gilt auch für Kinder, die aufgrund ihrer feinfühligen Wahrnehmung im Alltag einer Flut von Reizen ausgesetzt sind und enormen Schulstress aushalten müssen. Wenn sie zusätzlich stundenlang den modernen Medien – TV, Handy und Internet – ausgesetzt sind, verlieren sie die Fähigkeit, zwischen Außen und Innen, zwischen eigenen Emotionen und Gedanken und den Emotionen und Gedanken anderer zu unterscheiden.

Sie werden leicht manipulierbar, haben Konzentrationsschwierigkeiten und können ihre eigene Identität und die Kraft ihrer Seele nicht zum Ausdruck bringen.

Jugendliche auf dem Weg ins Erwachsenenleben haben damit die größten Probleme. Angesichts zunehmender Verantwortung und immer größeren Leistungsdrucks stürzt in ihnen häufig alles wie ein Kartenhaus zusammen. Sie finden sich im Leben nicht mehr zurecht. Deshalb sind sie oft selbstmordgefährdet und brauchen dringend professionelle Hilfe. Antidepressiva und Psychopharmaka beheben die Ursache dieser Störung nicht. Sie stumpfen lediglich die Wahrnehmungsfähigkeit des Patienten ab – mit gefährlichen Nebenwirkungen. Tiefe emotionale und mentale Heilungsprozesse sind ebenso nötig wie der systematische Aufbau eines individuellen Systems, um einer weiteren Reizüberflutung vorzubeugen.

Die Reizüberflutung findet bei medialen Menschen manchmal fast unbemerkt statt. Ausgelöst werden kann sie durch einen Einkaufbummel in der Stadt, den Besuch einer Party, eine Fahrt mit der U-Bahn, einen Fernsehabend etc. Wenn die mediale Tür einfach offen ist und hereinkommende Reize das Nervensystem pausenlos überfordern, werden feinfühlige Menschen scheinbar plötzlich nervös, schwach und blass. Sie können sich nicht gegen die Außenwelt wehren. Ihre Wahrnehmung überfordert sie und ist nicht mehr steuerbar. Häufig haben sie in diesen Situationen ein mulmiges Gefühl im Solarplexus oder ein unerklärliches Brennen im Gehirn. Wenn ihre medialen Türen offen sind, bluten diese Menschen energetisch aus. Dadurch geht ihnen die Wahrnehmung ihres Selbst verloren. Der Verlust von Lebensfreude und Energie ist das ernst zu nehmende Resultat.

Feinfühlig und medial zu sein ist keine Krankheit. Dennoch wird vielen sensitiven jungen Menschen die Diagnose ADS/

ADHS gestellt und sie bekommen die entsprechenden Medikamente. Oft sind sie nur nicht in der Lage, ihre medialen Türen zu schließen. Die Aufmerksamkeits-Defizit-Störung kann durch eine fehlende Steuerung der medialen Wahrnehmung sowie durch falsche Ernährung und mangelnde Bewegung ausgelöst werden.

Auch hier stellt sich die Frage: »Was ist normal?« Müssen feinfühlige Menschen wirklich bestraft und mit Medikamenten angepasst werden, wenn sie beispielsweise Kinder sind und ihr Leistungsverhalten nicht der von der Schule vorgegebenen Norm entspricht? Wäre es nicht sinnvoller, wenn jeder seinem Wesen gemäß leben könnte? Wer einmal feinfühlig und medial ist, bleibt es auch. Man kommt mit dieser Gabe auf die Welt. Sie darf sich ganz natürlich und bewusst entfalten. Dann kann sie zum besten Wohle aller eingesetzt werden.

Die Fähigkeit, Bilder, Botschaften, Emotionen oder Eindrücke zuzuordnen, kann erlernt und trainiert werden. Dazu ist es nötig, dass man trotz aller medialen Offenheit gut geerdet und zentriert bleibt und ganz bei sich. Feinfühlige und mediale Menschen brauchen eine gute Ausbildung und zusätzliches Bewusstseinstraining, damit sie zwischen den empfangenen Signalen und Reizen unterscheiden können. Ansonsten wird die mediale Begabung eher zur Last. Dabei ist sie, richtig eingesetzt, im wahrsten Sinne des Wortes wundervoll.

Leider gibt es inzwischen ein Überangebot an Kursen, in denen man angeblich an einem Wochenende zum Hellseher oder Medium ausgebildet wird. Meistens strömen die sensationslustigen, nicht wirklich medial begabten Menschen dorthin. Meine Bitte: Vorsicht vor solchen Egofallen! Wenn sich feinfühlige, mediale Menschen dorthin verirren, erleben sie oft eine noch größere Reizüberflutung. Unvorbereitete Kontakte mit der Astralwelt führen dazu, dass die Teilnehmer an solchen Kursen, besonders bei vermeintlichen Schnäppchenangeboten, im Nachhinein einen hohen Preis zahlen.

Die sensible Laura kam verzweifelt in meine Praxis. Sie hatte an einem dieser Psychic-Kurse teilgenommen und berichtete: »In der Meditation am ersten Tag habe ich mich noch mehr als sonst geöffnet. Ich habe meinen Körper verlassen und sah die ganzen Astralwesen und Verstorbenen im Raum. Andere Teilnehmer haben sie auch gesehen und fingen vor Angst an zu schreien und zu zittern. Ich war vollkommen überwältigt. Alles ist über mir zusammengeschlagen. Seitdem komme ich im Alltag nicht mehr zurecht. Ich kann kaum noch schlafen und wenn ich schlafe, habe ich Albträume, Panik und Ängste. Was soll ich bloß tun?«

Laura war seit diesem traumatischen Kurserlebnis nicht mehr mit der ganzen Kraft ihrer Seele in ihren Körper zurückgekehrt. Ihre Aura war löchrig und das Energiekörpersystem durcheinandergewirbelt. Außerdem hafteten Fremdenergien an ihr, die ihr das Leben schwer machten. Durch die Quantum-Engel-Heilung bekam sie energetische Hilfe und wurde emotional geheilt. Anschließend fühlte sie sich sofort besser und konnte wieder schlafen. Einige Monate später kam sie zu mir in die Ausbildung, um mit ihren Fähigkeiten bewusst umgehen zu lernen. Heute kann sie ihre mediale Wahrnehmung bewusst steuern. Sie hat ihre Gabe und Berufung zum Beruf gemacht.

Nur wer mit beiden Füßen fest auf der Erde steht, kann die Himmelsleiter der Medialität gefahrlos erklimmen – langsam, Sprosse für Sprosse.

Übung 17

Energetische Erdung und Zentrierung

Eine gute Erdung und energetische Zentrierung verbindet uns mit der Kraft der Erde und ermöglicht ein integriertes Da-Sein im physischen Körper. Feinfühlige, mediale Menschen fühlen sich oft fremd und nirgendwo zugehörig. Manche von ihnen haben keine Antriebskraft, handeln nur zögerlich und beschäftigen sich lieber mit spirituell geistigen Themen. Auf diese Weise geht viel Energie, Motivation und Lebensfreude verloren. Die Verbindung zu den energetischen Wurzeln fehlt oft, doch sie ist für die Gesunderhaltung unbedingt erforderlich.

- Beginne die Übung in einem entspannten Zustand.
- Lass deinen Atem ruhig und tief fließen.
- Höre auf deinen Herzschlag.
- Nun hörst du auch den Herzschlag von Mutter Erde.
- Du spürst ihn als Schwingung in deinem ganzen Wesen.
- Dein eigener Herzschlag schwingt sich darauf ein.
- Du lässt deinen Atem wie einen Wasserfall tief in die Erde hineinfließen.
- Ganz deutlich spürst du, dass die Erde ein starker Magnet ist.
- Die Erdanziehungskraft wird immer deutlicher wahrnehmbar.
- Beide Füße stehen fest auf der Erde.
- Spüre jetzt den Mittelpunkt der Erde.
- Wirf deinen energetischen Anker aus und verbinde dich mit dem Zentrum der Erde.
- Nimm wahr, wie dein Atem und deine Energie immer mehr in die Erde hineinfließt.
- *Ich bin hier gut aufgehoben und fühle mich wohl.*
- *Ich bin zentriert und gut geerdet.*

- Aus dem Herzen von Mutter Erde strömt jetzt ganz viel Liebe über deine Füße in dein ganzes Körpersystem hinein.
- Nimm diese Energie und Liebe an.
- Es fließt genau so viel zurück, wie du gegeben hast.
- Es fühlt sich angenehm und sicher an.
- Alle deine Gedanken, Emotionen und Energien zentrieren sich innerhalb deines Körpersystems.
- Deine Aura ist mit großer Kraft und innerem Licht erfüllt.
- Bei jedem Schritt, den du von nun an gehst, spürst du die tiefe Verbundenheit mit Mutter Erde.
- Sie liebt dich bedingungslos.

Es ist empfehlenswert, diese Übung regelmäßig zu machen und das Gefühl des geerdeten und zentrierten Seins gut zu kennen. Nach einiger Zeit kann es ausreichen, sich über das Wort *Anker* an die energetische Verbindung zu erinnern und sie sofort bewusst wiederherzustellen, sollte man mal wieder zu viel in höheren Dimensionen geschwebt sein.

Übung 18

Die mediale Tür schließen

Die energetische Abgrenzung ist ein wichtiger Schutz und beugt Überforderung, Konflikten und Krankheiten vor. Feinfühlige, mediale Menschen gehen oft über ihre Grenzen, weil sie diese gar nicht so genau kennen. Sie haben die Tendenz, ihren Körper zu verlassen. Dadurch schwächen sie sich und die Lebensenergie kann nicht fließen.

Ich rate ihnen auch dringend von dem sogenannten Trance-Channeling ab, bei dem das Medium seinen Körper einem geistigen Wesen überlässt. Das Wesen spricht dann durch das Medium, das sich später kaum noch daran erinnern kann, was gesagt wurde. Wer im Setzen von Grenzen und im Schließen von Türen kein absoluter Profi ist, kann sich auf diese Weise in große Gefahr bringen. Ich habe mehrere Jahre lang in einem kleinen, geschützten Rahmen als Trance-Medium aufgestiegene Meister gechannelt, bis ich eine sehr viel sicherere Form der medialen Kommunikation gefunden habe, die ich heute unterrichte. Die mediale Tür kann dabei bewusst geöffnet und auch wieder geschlossen werden wie hier erklärt:

- Beginne die Übung mit der klaren Wahrnehmung deines physischen Körpers.
- Reibe deine Hände gegeneinander, wackle mit den Zehen und spüre den Stuhl, auf dem du sitzt.
- Atme tief ein und langsam aus mit der Intention, alle Energie aus deinem Energiekörpersystem zu entfernen, die nicht du bist.
- Atme laut und puste stark, als wolltest du Staub von einem Regal pusten.
- Bedanke dich bei allen energetischen Wesen, mit denen du (bewusst oder unbewusst) in medialem Kontakt gestanden hast.
- Sage laut: »Mein Körpersystem ist das Haus meiner Seele. Ich schicke alle Energien hinaus und schließe jetzt meine energetischen und medialen Türen.«
- Du beobachtest, wie das Licht deiner Seele das Haus von innen erfüllt und erleuchtet. Immer mehr, immer stärker, immer lichtvoller. Alle anderen Energien weichen und du schließt die energetischen Türen.
- Es kann sein, dass du gähnen musst.
- Nun trennst du mit einer entsprechenden Handbewegung (deine Hand ist wie ein Schwert) mögliche energetische Verbindungen (besonders da, wo die Tür zu klemmen scheint).

- Sage laut: »Ich trenne jetzt alle energetischen Verbindungen, die mich Kraft und Energie kosten und die keine wahre Liebe sind.«
- Dann spürst du nach, ob du innere Harmonie und Ruhe empfindest. Sollte dies noch nicht der Fall sein, sagst du: »Mit meiner eigenen Gotteskraft löse ich jetzt bewusst die Ursache/n dieser energetischen Verbindung. Es ist mein freier Wille.«
- Du bist nun in deiner eigenen Energie. Gut geerdet und klar.

Im Anschluss ist es hilfreich zu erkennen, wie weit sich das Licht der eigenen Seele im Körpersystem ausdehnt. Auch hier gilt es, selbst zu erfahren, wie weit sich das Lichtkörpersystem, das auch als Aura bekannt ist, ausdehnt und was sich gut anfühlt. Wenn man als feinfühliger Mensch die Grenzen zu eng steckt, entstehen innerer Druck und Unzufriedenheit und damit eine energetische Schwächung. Die Aura zu weit auszudehnen bedeutet ebenfalls eine Überforderung, weil man die Grenzen aus den Augen verliert und somit unbewusst die energetische Tür wieder öffnet. Dann können, wie bereits erklärt, unbeabsichtigt andere Energien und Informationen eindringen, und schon stellt sich wieder die Frage: *Sind das überhaupt meine Gefühle und Gedanken oder habe ich sie von anderen übernommen?* Die bewusste Unterscheidung zwischen eigenen Gedanken und Emotionen und den Gedanken und Emotionen anderer bleibt für feinfühlige, mediale Menschen eine lebenslange Herausforderung.

Grenzen erspüren und klar definieren

Wir machen in unseren Seminaren und Retreats verschiedene Übungen, in denen es einerseits darum geht, die mediale Wahrnehmung der Teilnehmer in ihrem eigenen energetischen Revier zu stärken, und andererseits darum, die Türen bewusst zu schließen und selbst zur energetischen Festung zu werden. Es kann sein, dass manche Menschen energetisch nicht oder nur zum Teil an dem Ort sind, wo sich ihr physischer Körper befindet. Es kann auch sein, dass sie zeitlich noch in der Vergangenheit oder schon in der Zukunft unterwegs sind. All das bedeutet eine energetische Schwächung und macht Übergriffe ungebetener Gäste aus der physischen und geistigen Welt möglich. Der Konsum von Alkohol und anderen Rauschmitteln führt zu zusätzlicher Abgrenzungsschwäche und weiterem Energieverlust.

Grundvoraussetzungen für die energetische Abgrenzung sind eine gute Erdung, bewusste Zentrierung, die Wahrnehmung des physischen Körpers sowie das Schließen energetischer Türen.

Für feinfühlige, mediale Menschen ist es lebenswichtig, Grenzen zu setzen und sich selbst zu behaupten. Leider haben sie oft die Tendenz, die Interessen anderer über die eigenen zu stellen und letztlich leer auszugehen. Wenn die eigenen Bedürfnisse nicht erkannt und berücksichtigt werden, kommt es zu Enttäuschungen und Verletzungen und dazu, dass man zum Opfer wird. Wer nie gelernt hat, für sich selbst einzustehen, lädt unbewusst sogenannte Energieräuber ein, was oft dazu führt, dass solche Menschen aufgrund ihres übertriebenen Harmoniebedürfnisses und ihrer ausgeprägten Großzügigkeit energetisch und auch finanziell ausbluten. Unklare und ungeschützte Grenzen führen zu Konflikten, Streit, Stress und Krankheiten.

Sensitive, mediale Menschen lassen sich in Unterhaltungen oft ganz in das Energiefeld ihres Gesprächspartners ziehen. Dabei ist es unerheblich, ob dieser eine lebende Person ist, ein Verstorbener oder ein anderes Geistwesen. Die Worte *nein, stopp, bis hierhin und nicht weiter* sind entscheidend, auch in der Kommunikation mit geistigen Wesen.

Übung 19

Ein Kokon aus Licht

Bei den vorherigen Übungen ging es um Erdung, Zentrierung und das Schließen energetischer Türen. Ihr regelmäßiges Praktizieren führt zum Erhalt und zur Erhöhung des eigenen Energieniveaus. Dadurch wird einem immer mehr bewusst, wie viel Energie man tatsächlich zur Verfügung hat. Man kann die Energie der Erde und die eigene Seelenenergie zur Erschaffung eines lichtvollen Kokons benutzen.

- Mit einigen Atemübungen deiner Wahl und einer guten energetischen Verbindung zur Erde gelangst du in einen entspannten Zustand.
- Spüre die Energie, die aus der Erde aufsteigt und in dein Energiefeld fließt.
- Stell dir vor, wie lichtvolle, feine Energiefäden aus der Erde kommen und dein Körpersystem einhüllen wie einen Kokon.
- Immer weiter wächst dieser unsichtbare Lichtkokon.
- Er hat nun einen Durchmesser von drei bis fünf Metern und hüllt dich ganz ein.
- Nach oben hin ist er offen. Von dort kannst du Energiesignale aussenden und empfangen. Du kannst die Öffnung aber auch schließen.
- Deine Kommunikation findet ganz bewusst und gesteuert statt.
- Der feine Lichtkokon ist leicht und angenehm. Gleichzeitig ist er

stark und bildet eine undurchdringlich Grenze für mögliche Eindringlinge und Energieräuber.
- Du fühlst dich darin sicher, angenehm und wohl.

Der aktivierte Lichtkokon wird unbewusst als energetische Abgrenzung wahrgenommen und hat eine entsprechende Wirkung. Das ist eine echte Hilfe für feinfühlige Menschen, denen es aus Vorsicht und Höflichkeit oftmals schwerfällt, ihre Grenzen deutlich genug verbal zu kommunizieren. Der Lichtkokon vermittelt die klare energetische Botschaft: *Bis hierhin und nicht weiter!*

Gerade weil die Offenheit medialer Menschen häufig zu einer energetischen Vermischungen mit dem Energiefeld anderer führt, ist die genaue Kenntnis der eigenen Bedürfnisse und die Fähigkeit, in aller Deutlichkeit darüber zu sprechen, so wichtig und muss kontinuierlich geübt werden. Es gibt immer wieder Situationen, in denen feinfühlige Menschen von dem starken Energiefeld anderer Personen regelrecht überrollt werden und es zu Grenzüberschreitungen kommt, welche die eigene Unsicherheit verstärken und Energieverlust und Schwächung zur Folge haben. Leider wirkt dieser geschwächte Zustand oft wie eine Einladung für weitere Grenzverletzer. In einem geschwächten Zustand sollte niemand als Medium tätig werden.

Übung 20

Die Merkel-Raute

Zur Verstärkung der energetischen Abgrenzung, besonders in Gesellschaft von Menschen, die sich gern selbst reden hören, und dominanter Grenzverletzer (auch in der eigenen Familie) kann es sehr hilfreich sein, zusätzlich durch Körperhaltung und Gesten klare Signale auszusenden.

Feinfühlige, mediale Menschen nehmen aus Gewohnheit in der Regel eine offene Körperhaltung ein. Beispielsweise halten sie die Arme geöffnet, als wollten sie die ganze Welt umarmen. Arme und Hände geschlossen am Körper zu lassen, wirkt auf Grenzverletzer weniger einladend. Das Verschränken der Arme vor der Brust sendet ein noch stärker abweisendes Signal aus und bietet energetischen Schutz für das Herzchakra.

Auch Handhaltungen haben eine energetische Wirkung und sprechen für sich. Bundeskanzlerin Angela Merkel nutzt die abgrenzende Kraft einer bestimmten Geste, die als »Merkel-Raute« bekannt geworden ist. Auf zahlreichen Bildern ist sie vor Publikum und/oder in Anwesenheit anderer Politiker und Staatschefs mit dieser Handhaltung zu sehen.

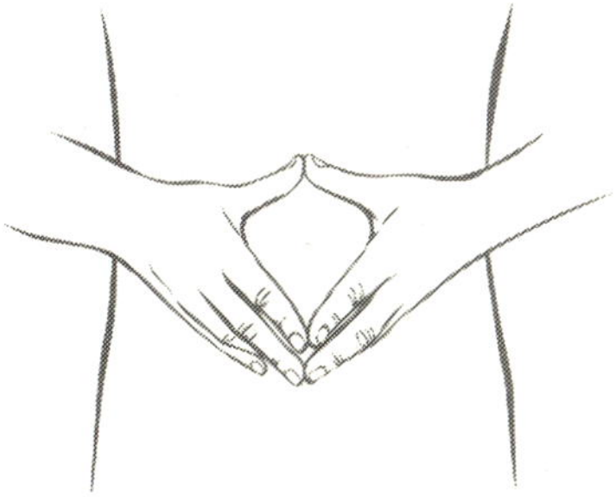

Du kannst die Wirkung dieser Handhaltung selbst ausprobieren.

- Halte beide Hände in Höhe des Solarplexus vor deinen Körper.
- Lege die Spitzen der Daumen und Zeigefinger zusammen.
- Die Daumen zeigen nach oben, die Zeigefinger nach unten. Das Ganze bildet eine Raute.
- Auch die Mittelfinger, Ringfinger und kleinen Finger können sich berühren – je nachdem, wie es sich für dich angenehm anfühlt.

- Spüre, wie sich durch diese Handhaltung dein Energiefluss verändert.

Diese Handhaltung hilft feinfühligen Menschen, sich auf ihr eigenes Energiefeld zu konzentrieren. Keine Energie geht verloren und man nimmt auch so leicht keine Energie von anderen auf. Wenn man die Spitzen der Zeigefinger statt nach unten ein wenig nach vorn richtet und die Ellbogen erhöht, ist die energetische Barriere noch größer. Dies kann jedoch auch sehr dominant und mitunter sogar bedrohlich auf andere wirken. Hier gilt es, im wahrsten Sinne des Wortes, Fingerspitzengefühl zu bewahren. Wenn man die Spitze der Raute auf andere Menschen richtet, wirkt sie wie ein energetischer Pfeil. Das kann verletzend sein und einen Konflikt provozieren.

Als feinfühliger Mensch hatte Larissa oft Schwierigkeiten, sich energetisch abzugrenzen und zu verhindern, dass sie ständig die Gedanken und Emotionen ihrer Arbeitskollegen und ihres Chefs aufnahm. Oft war sie verunsichert und es gelang ihr als Marketingassistentin nicht, ihre Ideen durchzusetzen. Das hatte unbezahlte Überstunden und Dauerstress zur Folge. Einmal im Monat musste sie ihre neuen Ideen für die nächste Marketingaktion in einer Präsentation vor ihrem Chef und den Abteilungsleitern vertreten. Ihre Medialität half ihr zwar, kreative Ideen zu entwickeln, aber ihre Feinfühligkeit machte ihr vor Publikum zu schaffen. Sie ließ sich leicht aus dem Konzept bringen und verlor damit an Überzeugungskraft. Bei ihrer nächsten Präsentation nach einer Konsultation bei mir, stellte sich Larissa neben die Leinwand und half sich sowohl mit dem Lichtkokon als auch mit der Merkel-Raute. Die Aufmerksamkeit ihrer Zuhörer war spürbar größer und Larissa fühlte sich deutlich sicherer. Sie konnte ihre Ideen und Argumente mit ungewohnter

Klarheit präsentieren und wurde anschließend von ihrem selbstgefälligen Chef erstmalig gelobt: »Das ist die beste Idee, die Sie je präsentiert haben. Hätte von mir sein können!«

Anders als früher, wo Larissa in einer ähnlichen Situation aus Angst vor Ablehnung unterwürfig freundlich gelächelt hatte, blieb sie diesmal sachlich und lächelte nicht. Auch sonst setzte sie deutlichere Grenzen. Beispielsweise ging sie in ihren kreativen Phasen nicht mehr ans Telefon. Ihr Anrufbeantworter blieb einfach eingeschaltet. Früher war sie viel zu oft von Kolleginnen gestört worden, die am Telefon ihren seelischen Müll bei ihr abladen oder sich mal wieder über den Chef beschweren wollten. Larissa verschaffte sich durch ihr neues Selbstbewusstsein mehr kreativen Raum und mehr Freizeit.

Auch ihre neue Marketingidee wurde umgesetzt und führte zu großen Umsatzsteigerungen. Larissa fühlte sich durch ihre täglichen energetischen Übungen immer mehr in ihrer Kraft und bekam kurze Zeit später von einem Personalberater das Angebot, die Marketingleitung bei einem anderen Unternehmen zu übernehmen. Die offene, freundliche Firmenkultur und das junge Führungsteam gefielen Larissa gut. Sie nahm das Angebot an und bekam deutlich mehr Gehalt.

Übung 21

Der Chakra-Reißverschluss

Das Steuern der eigenen Lebensenergie stellt für sensitive Menschen eine besondere Herausforderung dar. Oft haben sie schon als Kinder gelernt, den Eltern zuliebe Dinge zu tun, die sie eigentlich nicht tun wollten und die ihnen auch nicht gutgetan haben. Ihre zaghaften Sigen entweder nicht zur Kenntnis genommen oder einfach tanden. Solche unbewussten Programmierungen aus der ühren dazu, dass sich diese Menschen schlecht abgrenzen und Verhaltensweisen entwickeln, die zum Verlust der Lebensenergie führen. Dazu gehören übertriebene Hilfsbereitschaft, Großzügigkeit, Offenheit, Unterwürfigkeit und Verständnis für alles. »Entschuldigung, es tut mir leid«, ist einer ihrer häufigsten Sätze.

Zur dauerhaften Veränderung dieser Programmierungen habe ich mithilfe der geistigen Welt energetische Heil- bzw. Selbstheilungsmethoden entwickelt (Quantum-Engel-Heilung und Cosmic Recoding). Doch bis es so weit ist, empfehle ich, den Chakra-Reißverschluss anzuwenden, um die energetischen Signale dieser Programmierungen zu minimieren. Diese Übung wurde mir von einem hilfreichen schamanischen Lehrer gezeigt, der inzwischen auf der anderen Seite ist und von dort geistig weiterlehrt.

- Atme tief durch und erinnere dich, wer du bist.
- Sieh das Licht deiner Seele und schau, wie weit es über deinen physischen Körper hinausstrahlt.
- Dein Licht strahlt von innen aus deinen Energiezentren, den Chakren, und sendet Signale entsprechend der dort gespeicherten Informationen.
- Du entscheidest dich jetzt ganz bewusst, diese Signale weniger deutlich wahrnehmbar zu senden.
- Stell dir vor, dass du in einen energetischen Overall schlüpfst.
- Er umhüllt auch deine Füße und deinen Kopf.
- Jedes Chakra hat einen goldenen Reißverschluss, mit dem du es schließen kannst, jedes einzeln.
- Nun siehst du auch den goldenen Reißverschluss, mit dem du deinen Overall von oben bis unten verschließen kannst.
- Du fühlst dich geborgen und sicher.

Die attraktive Sabrina ist Stewardess bei einer großen Airline. Sie hat es jährlich mit Tausenden von Passagieren zu tun und ist als feinfühliger, medialer Mensch davon einfach energetisch überfordert. Besonders die Dienste auf Langstreckenflügen machen ihr zu schaffen. Wenn sie nicht gut geschlafen hat, ist sie noch dünnhäutiger. Ihre medialen Türen sind dann weit offen und sie verliert ihre Klarheit und Konzentrationsfähigkeit. Zur »Beruhigung«, sprich um sich abzustumpfen und weniger Signale wahrzunehmen, hatte sie, wie viele ihrer Kollegen, gern mal etwas zu viel von dem leicht zugänglichen Alkohol getrunken. So hatte sie im Laufe der Jahre eine Alkohol- und Tablettensucht entwickelt, die auch ihrem Arbeitgeber nicht verborgen blieb. Nach einer Entziehungskur ging es ihr zwar körperlich besser, doch das ursprüngliche Problem, nämlich dass sie mit ihrer Feinfühligkeit nicht gezielt umgehen konnte, wurde in der Klinik weder erkannt noch behandelt. Sabrina konnte nach wie vor die Gedanken der Passagiere lesen. Besonders zu schaffen machten ihr die sexuellen Belästigungen, auch wenn diese nur im Kopf der Geschäftsreisenden stattfanden. Erst als sie diese energetische Übung, die sie von mir erlernt hatte, in ihrer Dienstzeit im Flugzeug zum Einsatz brachte, fühlte sich Sabrina besser geschützt. Es gelang ihr, ihre eigenen erotischen Signale im Dienst zu neutralisieren und erst zu Hause bei ihrem Freund durch Öffnen des Chakra-Reißverschlusses wieder zu aktivieren. Sie lernte auch, ihr drittes Auge nach Bedarf zu öffnen und zu schließen. Insgesamt hatte sie mehr Lebensenergie und Kraft, inklusive die Kraft, zur Diensteinteilung und zu Langstreckenflügen Nein zu sagen. Sabrina wurde auf eigenen Wunsch nur noch im Inland eingesetzt. Sie fühlte sich endlich wohl in ihrer energetischen Haut und dadurch verbesserte sich ihr Gesundheitszustand erheblich.

Gut schlafen, aber wie und wo?

Die energetische Abgrenzung ist nicht nur tagsüber wichtig, sondern besonders auch in der Nacht. Tiefer Schlaf ist für feinfühlige, mediale Menschen von großer Bedeutung. Sollte es hier einen Mangel geben, ist die wichtige Regeneration in der Nacht nicht möglich. Das sensible Nervenkostüm wird strapaziert, Adrenalin kann nicht abgebaut werden, Dauerstress entsteht. Eine gesundheitliche Schwächung ist so leicht möglich und der Verlust von Lebensenergie droht. Auch die medialen Antennen leiden und weil die Schwingungsfrequenz aufgrund des Schlafmangels zu niedrig ist, fällt es dem Medium viel schwerer, einen guten, stabilen Kontakt zur geistigen Welt zu halten.

Für feinfühlige, mediale Menschen ist es wichtig, ihren Schlafplatz gut auszuwählen. Wenn man in der eigenen Wohnung oder im eigenen Haus nicht gut schlafen kann, gibt es dafür wichtige Gründe, die es ausfindig zu machen gilt. Man darf diese Schlafstörungen auf keinen Fall als Einbildung abtun oder sich einfach damit abfinden, denn das kostbarste Gut, die eigene Gesundheit, steht hier auf dem Spiel. Auch wenn er damit bei einigen Ehepartnern zunächst auf Unverständnis und sogar Widerstand stoßen mag – Tatsache ist, dass ein feinfühliger, medialer Mensch am tiefsten und besten in seinem eigenen Energiefeld, in seinem eigenen Bett und allein im Raum schläft. Bitte auch ohne das Lieblingshaustier am Fußende des Bettes.

Die Frage, welche die Entscheidung ganz leicht macht, lautet: Möchte man am Morgen einen gut gelaunten, ausgeschlafenen, gesunden Partner haben oder einen zombieartigen, nicht ansprechbaren Partner, der den ganzen Tag gestresst und schlecht gelaunt ist, weil er/sie mal wieder einen Migräneanfall wegen Schlafmangels hatte. Außerdem ist es eine Zumutung für jeden

Partner, an der Seite eines lauten Schnarchers zu schlafen. Getrennte Schlafzimmer mit regelmäßigen Besuchen dienen der Gesunderhaltung und der Langlebigkeit einer Liebes- und Paarbeziehung.

Feinfühlige, mediale Menschen werden nicht nur durch Partner gestört, sondern auch durch zahlreiche andere Störungsquellen. Manche Betten stehen auf geopathischen Störzonen, etwa auf Wasseradern oder bestimmten Gitterstrukturen der Erde. In diesem Fall kann man, wenn man alle anderen möglichen Störungsquellen schon selbst ausgeräumt hat, einen Geopathologen zurate ziehen, der den Schlafplatz untersucht und gegebenenfalls saniert. Es gibt auch gute Feng-Shui-Berater, die bei der Optimierung des Schlafplatzes helfen können. Ich empfehle, auf die eigenen medialen Antennen zu vertrauen und gegebenenfalls Maßnahmen zur Beseitigung von Störungsquellen zu ergreifen.

Mediale Menschen sind in der Regel sehr lichtempfindlich, weil ihr drittes Auge geöffnet bzw. ihre Zirbeldrüse aktiv ist, damit sie hellsichtig Lichtwesen wahrnehmen können. Ich kann nur in einem absolut dunklen Raum gut schlafen und wache sofort auf, wenn der kleinste Lichtstrahl von irgendwoher einfällt. Ich liebe die deutschen Rollläden, die aus jedem Schlafraum einen Lichtschutzbunker machen können.

Elektronische Geräte wie Computer und Fernsehapparate sollten am besten nicht im Schlafraum stehen. Es gibt zwar die Möglichkeit, das gesamte Schlafzimmer über eine entsprechende Freischaltung von Elektrosmog zu befreien, doch die feinstofflichen Energien entsprechender TV-Sendungen bleiben dennoch im Raum, etwa die Nachrichten von all dem Schrecklichen, was gerade in der Welt passiert ist. Welcher feinfühlige Mensch möchte sich schon die ganze Nacht in dieser Energiesuppe wälzen?

Auch Spiegel gehören nicht in einen Schlafraum. Sie können wie eine offene Tür wirken und von aufdringlichen Geistwesen als Portal benutzt werden. Und wer hat schon gern ungebetenen nächtlichen Besuch?

Antike Möbel sind für einen Schlafraum ebenfalls ungeeignet, da diese Gegenstände geprägt sind von den energetischen Schwingungen ihrer Vorbesitzer. Wenn man geschult darin ist, kann man dies auch ändern, aber die meisten Menschen wissen nicht, wie das geht. Einfacher ist es, den Gegenstand zu entfernen.

Natürlich empfiehlt sich auch die regelmäßige energetische Reinigung des Schlafraums, etwa mit Räucherungen, dem brennenden Topf (siehe unten) oder Lichtmeditationen. Bei jeder Form der energetischen Reinigung sollte man die eigene Seele und Helfer aus der geistigen Welt (z.B. Engel) um Unterstützung bitten. Das kann man beispielsweise mit einem kurzen Gebet oder durch Setzen einer bewussten Intention machen. Hilfreich ist dabei die Bitte um Auflösung oder Löschung der Ursache(n) für die Störung. Erinnere dich: Alles dient der Transformation von Energie.

Der brennende Topf

- Öffne alle Fenster und Türen, auch die Schranktüren.
- Stelle in sicherer Entfernung zum Rauchmelder einen feuerfesten Untersetzer, etwa eine große Bratpfanne, in die Mitte des Raumes.
- Darauf stellst du einen kleineren Topf, dessen Boden du mit einer Schicht Magnesiumsulfat bedeckst (ca. einen Zentimeter dick).
- Darüber schüttest du hochprozentigen reinen Alkohol (etwa 80 % Vol). Der Alkohol sollte etwa ein bis zwei Zentimeter über dem Salz stehen.

- Wirf nun aus sicherer Entfernung ein brennendes Streichholz in den Topf. **Vorsicht! Es könnte eine Stichflamme geben.** Die Flammen lodern hoch und haben unterschiedliche Farben. Je nach Energie, die transformiert wird, können sie blau, grün, orange, gelb und so weiter sein. Manchmal sehen sie aus wie ein kleiner Energiewirbel, der sich sehr schnell dreht und kraftvoll alle unerwünschten Energien im Raum transformiert.
- Wenn die Flammen erloschen sind, ist die Reinigung beendet und die Atmosphäre des Raumes fühlt sich klar an.
- Danke deinen geistigen Helfern und bitte um energetischen Schutz für deinen Schlafraum.

Hotelzimmer sind für mich und andere mediale Menschen eine echte Herausforderung. Auf Seminarreisen in vielen Ländern habe ich trotz meines persönlichen energetischen Reinigungs- und Schlafvorbereitungsprogramms schon manche schlaflose Nacht verbracht.

Ich erinnere mich noch gut an ein schönes Hotel in San Diego, wo mein kleiner Sohn und ich uns nach einer langen Autofahrt zur Nachtruhe hinlegten. Mein Mann hatte das Zimmer nebenan und schlief sofort tief und fest wie ein Bär. Obwohl wir beide todmüde waren, kamen mein Kind und ich nicht zur Ruhe. »Mama, in meinem Kopf saust es so, ich weiß gar nicht warum«, sagte mein Achtjähriger ganz erschöpft. Bei mir sauste es auch und ich fühlte mich wie unter Strom. »So ein Mist«, dachte ich. Ich hatte im Dunkeln nicht auf die genaue Lage des Zimmers geachtet. Ich machte das Licht wieder an und streckte vorsichtig den Kopf aus der Tür. Ein Blick nach rechts und links genügte. Auf der Tür nebenan klebte ein gelbes Starkstromzeichen. Dahinter lag der Elektroraum für den Fahrstuhl und das ganze Hotel. Das Kopfende unseres Bettes war nur durch eine dünne amerikanische Pappwand von diesem Raum getrennt. Dahinter knisterte der Starkstrom. Kein Wunder, dass es in unseren Köpfen sauste. Mein Kleiner und ich entschieden, keine Minute länger in diesem Zimmer zu bleiben. Ich rief den Hotelservice an, denn es gab in diesem Fall wirklich nur eine Möglichkeit: das Zimmer zu wechseln. Also wandelten wir mitten in der Nacht barfuß im Schlafanzug über den Hotelflur in ein anderes Zimmer, wo wir sofort einschlafen konnten. Michael, mein Mann, musste uns am nächsten Morgen zwar suchen, hat uns dann aber lachend und gleichzeitig kopfschüttelnd in den Arm genommen, als er von unserer unfreiwilligen Nachtwanderung erfuhr. Er weiß, wie feinfühlig wir sind und wie schön der Tag für ihn wird, wenn wir gut geschlafen haben.

Ich besichtige inzwischen in jedem Hotel, in dem ich noch nicht war, den mir zugeteilten Raum und entscheide erst dann, ob ich darin schlafen möchte oder nicht. Kleine Erinnerung zum Grenzensetzen: Feinfühlige, mediale Menschen müssen das Wort NEIN laut und deutlich sagen können. Bitte zum eigenen Wohl und zum besten Wohle aller immer wieder üben!

Schlafe gut von Stress befreit (CD)

Auch wenn alle äußeren Störungsquellen behoben sind, wird unser Energiefeld täglich mit unzähligen Informationen und Signalen bombardiert, die als Codes in unserem Körpersystem schwingen und ebenfalls die Ursache für Schlaflosigkeit sein können. Auf meiner CD *Praxisprogramm Cosmic Recoding* findest du die Übung *Schlafe gut von Stress befreit.* Sie hat schon Tausenden Menschen geholfen, endlich tief und fest schlafen zu können. Deshalb empfehle ich sie dir von ganzem Herzen. Aus meiner Sicht gibt es auch nichts Besseres, was ich an dieser Stelle schreiben könnte.

Diese energetische Übung wirkt auch bei Kindern sehr gut. Auch dem feinfühligen kleinen Sohn einer Quantum-Engel-Heilerin aus England, der sich jeden Abend todmüde, aber schlaflos bis in die Nacht in seinem Bett herumwälzte, konnte so geholfen werden. Als er die per Post angekommene CD sah, die seine Mutter bestellt hatte, sagte er sofort: »Mama, die ist für mich!«

Seitdem er jeden Abend vor dem Einschlafen die in der Schule aufgenommenen Energien mithilfe dieser Übung löscht, schläft er wie ein Engel um acht Uhr abends ein und wacht am nächsten Morgen erholt wieder auf. Ich freue mich für ihn und auch für seine Eltern.

Für feinfühlige, mediale Menschen ist es generell wichtig, nicht dienliche Alltagsenergien aus dem eigenen Energiefeld zu entfernen, damit sie besser schlafen, ein klarer Energiekanal sein und insgesamt gesund bleiben können. Auch die »Goldene Lichtbadewanne« auf der zu diesem Buch gehörigen CD *Medium zwischen Himmel und Erde* kann vor dem Schlafengehen sehr hilfreich sein, aber auch zu jeder anderen Tageszeit.

Die durch mich gechannelten Lichtmeditationen wirken auf allen Ebenen des gesamten Energiekörpersystems, unabhängig von Zeit und Raum und sind deshalb so effektiv und wohltuend. Ich bin der geistigen Welt unendlich dankbar für diese Meditationen und höre sie selbst jeden Morgen und jeden Abend. Im Online-Shop meiner Website quantumengel.com findest du viele lichtvolle Meditationen zum Gratis-Download. Es sind Geschenke für dich, die bei meinen kostenlosen medialen Erlebnisabenden als Live-Mitschnitte aufgenommen wurden.

TEIL 3

Den Spagat zwischen geistiger Welt und Alltag meistern

Die Alltagswelt verändert sich. Unglaubliche Geschichten über ganz normale Leute

Am letzten Tag unserer Seminare habe ich oft Sätze wie diesen gehört: »Ach, bei euch ist es so toll, ich möchte gar nicht nach Hause und in meinen Alltag zurück!« Natürlich ist es eine Wohltat für viele feinfühlige, mediale Menschen, unter Gleichgesinnten zu sein, die Liebe der Engel und lichtvollen Helfer bewusst zu erfahren und in direktem Kontakt mit der geistigen Welt zu sein. Es geht aber nicht darum, ein spiritueller Tourist zu sein und den Himmel auf Erden nur in verschiedenen Seminaren zu erleben. Es geht vielmehr darum, seine medialen Fähigkeiten aktiv in den Alltag einzubringen, Verantwortung für sich selbst und andere zu übernehmen und liebevoll mit Menschen umzugehen, sich selbst eingeschlossen. Gelebte Liebe zum besten Wohle aller ist der Schlüssel für eine bewusste und harmonische Lebensgestaltung.

Was macht man nun, wenn man die eigenen medialen Fähigkeiten entdeckt hat und diese Begabung auch im Alltag nutzen möchte?

Ich empfehle, die eigene Medialität täglich in allen Lebensbereichen wie beschrieben zu praktizieren, gut geerdet und zentriert zu sein und die mediale Tür ganz bewusst sicher zu öffnen und wieder zu schließen. Wichtige Voraussetzung dafür ist ein entsprechender Lebenswandel mit ausreichend Schlaf, gesunder Ernährung, energetischer und physischer Reinigung, täglichen Lichtmeditationen sowie viel Spaß und Bewegung. Für den eigenen physischen Körper, den Tempel der Seele, ist jeder selbst verantwortlich.

Feinfühlige, mediale Menschen nehmen die Unterschiede in der Schwingungsfrequenz ihres Umfeldes sehr deutlich wahr – und natürlich sind die energetischen Schwingungen am Bahnhof, in der U-Bahn oder im Straßenverkehr anders als im Seminarraum, in dem man sich so wohl gefühlt hat. Wenn man die Analogie von Licht und Dunkel betrachtet, gibt es sicher niedrige energetische Schwingungen, die wir als Dunkel bezeichnen. Doch statt angesichts des Dunkels in Angst und Panik zu verfallen, darf man in dem Bewusstsein bleiben, selbst Licht zu sein. Hat eine lodernde Fackel Angst vor der Dunkelheit? Nein! Braucht sie auch gar nicht, weil überall, wo sie hingeht, automatisch das kraftvolle Licht erstrahlt. Sie hat darüber keine Zweifel und löscht ihr eigenes Licht auch nicht mit einem großen Eimer voller Angst, wie Menschen es oft machen, weil sie immer wieder zu vergessen scheinen, wer sie in Wirklichkeit sind. Genau das ist aber der Sinn des Lebens, nach dem ich so oft gefragt werde: Erkenne, wer du bist, und bringe das Licht deiner liebevollen Seele in deinen Alltag. So veränderst du deine Welt und kannst dein eigenes Paradies auf Erden erschaffen.

Medialität und Heilung

Aus Dankbarkeit und Respekt für meine geistigen und irdischen Lehrer und meine Schüler und als Erinnerung an die vielen Einweihungen auf meinem eigenen spirituellen Weg spiele ich am Ende eines Ausbildungsseminars in der Regel das Lied *Amazing Grace* (»Erstaunliche Gnade«). Es ist ein besonderer Moment, in dem wir alle im Kreis stehen und uns an den Händen halten. Damit bringen wir unsere Verbundenheit ebenso zum Ausdruck wie unsere Dankbarkeit für die im Seminar erlebten Heilungen. Oft fließen dabei bei uns allen die Tränen.

Das Lied komponierte John Newton, der Mitte des 18. Jahrhunderts mit seinem Schiff in Seenot geraten war und sich an Gott gewandt hatte. Er war viele Jahre lang der Kapitän eines Sklavenschiffes gewesen und hatte Tausende von Menschen in die Sklaverei, in Leid und Tod geführt. Nachdem er und die anderen Menschen an Bord durch die göttliche Gnade vor dem sicheren Untergang gerettet worden waren, veränderte sich sein Bewusstsein dramatisch. Er erkannte sein schreckliches, unethisches Verhalten und sah ein, dass er so nicht weitermachen konnte. Er befreite die Sklaven und setzte sich von da an dafür ein, die Sklaverei zu bekämpfen.

Hier ist der ins Deutsche übersetzte Text des Liedes:

Amazing Grace – Wie süß ist dieser Klang,
der einen armen Sünder wie mich errettet hat.
Ich war einst verloren,
aber nun bin ich gefunden,
war blind und kann jetzt sehen.

Es war Gnade, die mein Herz Furcht lehrte,
und Gnade löste meine Ängste.
Wie kostbar erschien diese Gnade in der Stunde,
als ich erstmals glaubte.

Wie süß tönt der Name Jesus
im Ohr von denen, die glauben.
Er lindert ihren Kummer,
heilt ihre Wunden und vertreibt ihre Angst.

Muss Jesus das Kreuz allein tragen
und alle Welt davon verschont bleiben?
Nein, es gibt ein Kreuz für alle
und es gibt auch ein Kreuz für mich.

Durch viel Gefahren, Mühen und Fallen
bin ich bereits gekommen.
Es ist Gnade, die mich sicher so weit brachte,
und Gnade wird mich heimgeleiten.

Wenn wir zehntausend Jahre dort gewesen,
hell scheinend wie die Sonne,
haben wir keinen Tag weniger Gottes Lob zu singen,
als da wir angefangen haben.

Unglaubliche Gnade! Wie warm der Klang,
der mir neues Leben gab.
Es wird mein Schild und mein Anteil sein,
sein Wort macht meine Hoffnung sicher.

Dieses Lied berührt viele von uns so sehr, weil wir das Kreuz aus Leid, Kummer, Angst und Gefahren auf unserem Lebensweg selbst getragen haben, bis wir durch die Gnade Gottes und seine Botschafter, die Engel und Lichtwesen, Hoffnung bekommen haben und Heilung erfahren konnten.

Es ist Zeit, dass sich das Bewusstsein weltweit dahingehend verändert, dass ein Medium als Brücke zum Göttlichen verstanden wird, statt verurteilt und bestraft zu werden wie im Mittelalter, was leider immer noch auf verschiedene Weise geschieht. Dabei tun mediale Heiler viel Gutes und sind ein wahrer Segen für die Menschheit.

Im Archiv der QE-Akademie befinden sich Tausende Berichte über Heilbehandlungen, die unsere Seminarteilnehmer als Abschlussarbeiten eingereicht haben. Es sind Berichte über ganz normale Leute, die fast unglaubliche Geschichten erlebt haben.

Ich kann in diesem Buch leider nur eine kleine Anzahl davon als Beispiele aufführen. Durch den Einsatz ihrer ausgebildeten Medialität und Kommunikation mit der geistigen Welt konnten unsere Absolventen bei ihren Klienten und Familienmitgliedern Heilung und Hilfe bewirken, wo vorher Verzweiflung, Krankheit und Hoffnungslosigkeit herrschten und oft ein langjähriger Leidensweg vorausgegangen war. Es gibt für sie auch keine Trennung mehr zwischen Medialität und Alltag. Sie setzen ihre medialen Fähigkeiten einfach täglich ein.

Cornelia

Unmittelbar nach ihrer Ausbildung zur Quantum-Engel-Heilerin ahnte Cornelia noch nicht, wie bald ihre erlernten Fähigkeiten zum Einsatz kommen würden. Ein paar Tage später hatte ihr Sohn mit zwei Freunden einen Autounfall. Die beiden Freunde starben noch an der Unfallstelle, ihr schwerstverletzter Sohn lag auf der Intensivstation im Koma. Cornelia konnte stark bleiben. Sie war in der Lage, mit den Seelen der verstorbenen Freunde zu kommunizieren und deren Eltern in tiefster Not und Trauer Trost zu spenden. Ihren eigenen Sohn konnte sie durch Energiebehandlungen retten, obwohl die Ärzte ihm kaum Überlebenschancen gegeben hatten. Nach mehreren Wochen, in denen sie nur über die Seelenebene mit ihrem Sohn kommunizieren konnte, erwachte er aus dem Koma. Sein Heilungsprozess dauerte fast ein ganzes Jahr und war für alle ein Wunder. Heute kann ihr Sohn einen Beruf ausüben. »Ohne die Engel hätte ich es nie geschafft«, sagt Cornelia. »Es war die beste Entscheidung meines Lebens, die Ausbildung zu machen.«

Beate

Beate war zu Anfang ihrer QEH-Praktikumszeit zunächst unsicher, besonders weil gleich schwere Fälle zu ihr kamen. Ich als ihre Mentorin ermutigte sie jedoch, ihren medialen Botschaften zu vertrauen, ein hoch schwingendes Energiefeld zu bilden und Heilenergien fließen zu lassen, wie sie es bei uns gelernt hatte. Ihr Klient Rainer hatte eine tödliche Diagnose bekommen. Auf dem Röntgenbild der Universitätsklinik war der große Gehirntumor (*Glioblastom*) deutlich zu sehen. Rainer glaubte nicht an

Engel oder geistige Helfer, sah diese Behandlung jedoch als seine letzte Chance. Schon in der ersten Sitzung hörte Beate die mediale Botschaft zur Vorgehensweise während der Behandlung ganz deutlich: *Eine Behandlung pro Woche über einen Zeitraum von drei Monaten wird den Tumor um die Hälfte verkleinern, und nach sechs Monaten wird er ganz verschwinden.* Weil sie noch unsicher war und sehr wenig Erfahrung hatte, sagte Beate zunächst lieber nichts von der Botschaft. Der Klient hatte Angst um sein Leben und war in einer schlimmen Verfassung. Sein Kopf schmerzte seit Monaten. Während der Behandlung fühlte er Kribbeln und Wärme, die Tränen liefen und die Schmerzen wurden weniger. Ein paar Tage später war der Schmerz gut aushaltbar und Rainer entschied sich, weitere Behandlungen zu buchen. Weil er immer noch schlecht schlafen konnte, begann er Gedichte zu schreiben, was vorher nie seine Art gewesen war. Zwei Monate später nahm er auf Wunsch von Beate einen Kontrolltermin in der Universitätsklinik wahr. Als der erlösende Anruf kam, hatte sich der Tumor um 60 Prozent zurückgebildet. Nach weiteren Behandlungen war er kurz vor Weihnachten ganz verschwunden, wie die Engel es gesagt hatten.

Veronika

Veronika konnte ihrem Sohn Tobias helfen, der sehr verzweifelt über seine schlechten Schulnoten war. Seine Versetzung in die nächste Klasse war gefährdet. Nach der energetischen Behandlung und den medialen Botschaften, fand eine tiefe emotionale Heilung statt. Völlig angstfrei und locker wurde er bald darauf Sieger im Vorlesewettbewerb in der Schule und ein großer Bericht stand über ihn in der Tageszeitung. Die heilsame mediale

Behandlung und der Motivationsschub wirkten sich positiv auf sein Wohlbefinden aus. Er konnte besser schlafen, war von den ständigen Magenschmerzen befreit und auch in der Schule waren immer mehr Erfolge zu verbuchen. Er konnte gemeinsam mit seinen Freunden in die nächste Klasse versetzt werden.

Matthias

Matthias hatte Schlafprobleme. Er wachte jede Nacht auf und hatte schon seit Jahren nicht mehr durchgeschlafen. Tagsüber war er entsprechend erschöpft, lustlos, gereizt und hatte oft Kopfschmerzen. Durch die Energiebehandlung während des Seminars und die medialen Botschaften der geistigen Welt konnte die Ursache für seine Schlafstörungen gefunden werden. Er hatte das tiefe Trauma, das durch den frühen, gewaltsamen Tod seiner Mutter ausgelöst worden war, nie überwunden, sondern nur verdrängt. Er war erst zwei Jahre alt gewesen, als er sie leblos in der Badewanne gefunden hatte. Alle bewussten Erinnerungen an dieses Ereignis waren bis zu diesem Tag verschwunden. Die Behandlung war sehr intensiv. Matthias weinte und zitterte. Er beruhigte sich nach ca. 20 Minuten und entspannte sich auf einer ganz tiefen Ebene. Am nächsten Tag im Seminar bedankte er sich und sagte: »Ich fühle mich so erleichtert. Ich habe die ganze Nacht geschlafen wie ein Stein.«

Heike

Heike war vierzig Jahre alt und sehr verzweifelt über ihren unerfüllten Kinderwunsch. Während einer medialen Selbstbehandlung konnte sie durch mediales Sehen erkennen, dass ihr Herz einen tiefschwarzen Streifen hatte. Es sah aus wie eine Trauerbinde. Dann nahm sie plötzlich das Hochzeitsbild ihrer Eltern wahr. Sie hatten sich getrennt, als sie 13 Jahre alt war, weil ihr Vater ständig fremdgegangen war. Ihre bis dahin schöne Kindheit war vorbei. Das Elternhaus wurde verkauft. Ihr Hund und ihre Großmutter starben noch im selben Jahr. Sie hatte große Angst davor, dass mögliche eigene Kinder durch ähnliche schmerzhafte Erfahrungen würden gehen müssen. Diese unterbewusste Angst blockierte ihre Schwangerschaft. Die Botschaft der Engel war: *Du wirst einen gesunden Sohn haben. Dein Mann liebt dich sehr und bleibt bei dir.* Im folgenden Jahr wurden sie und ihr Mann glückliche Eltern.

Frank

Frank litt seit mehreren Jahren unter starken bis unerträglichen Rückenschmerzen. Er bekam regelmäßig Massagen und Cortisonspritzen, wenn die Schmerzen zu groß wurden. Er wünschte sich nichts mehr, als endlich schmerzfrei zu sein. Während der Behandlung kam die mediale Botschaft für ihn, dass seine Muskeln nicht nur verspannt, sondern auch entzündet seien und auch, dass der Übergang von der Halswirbelsäule zum Kopf schief sei. Noch während der Behandlung konnte sich Frank durch den Fluss der Heilenergien wieder ganz gerade aufrichten. Er wunderte sich und sagte fast ungläubig: »Ich bin auf einmal schmerzfrei wie sonst nur nach einer Cortisonspritze.« Anders als nach der Spritze ist Frank bis heute schmerzfrei, denn die Ursache seiner Beschwerden wurde energetisch transformiert.

Ulrike

Ulrike war Mutter eines zweijährigen Mädchens. Es fiel ihr schwer, das Kind für vier Tage bei ihrem Mann und den Großeltern zu lassen, doch in ihrem Herzen spürte sie, wie wichtig es für die ganze Familie war, dass sie die Ausbildung machte. Etwa zwei Jahre später erhielt ich eine E-Mail, in der mir Ulrike mitteilte, was geschehen war. Die kleine Tochter war an einem inoperablen Gehirntumor erkrankt und die behandelnden Schulmediziner sahen keine Chance auf Heilung. Die Liebe einer Mutter ist die stärkste Kraft. Also beschloss Ulrike, ihre Tochter selbst zu behandeln, wie sie es in unserer Ausbildung gelernt hat. Auch die Meditation »Schwimmen mit Delfinen« von der CD *Quantum-Engel-Kinder* hat ihr dabei geholfen. Jeden Tag hörte das kleine Mädchen die Meditation und bekam QE-Heilungen. Sie bat ihre Mutter, ein Bild für sie zu malen mit der Sonne, dem Meer und dem rosafarbenen Delfin Merista, einem Lichtwesen aus der geistigen Welt. In wenigen Monaten bildete sich der Gehirntumor zurück und das Mädchen wurde »wie durch ein Wunder« vollkommen gesund.

Wunder sind immer nur dann Wunder, wenn man sie nach dem eigenen Wissensstand nicht erklären kann. Genauso wenig wie das Leuchten einer Glühbirne ein »Wunder« ist, ist die energetische Heilung in Verbindung mit medialer Kommunikation ein Wunder. Sie ist erklärbar, erlernbar, anwendbar und sollte in allen Familien und Kliniken als hilfreiche Methode zur Verfügung stehen. Den Menschen als Medium für Botschaften aus der geistigen Welt und als Kanal für Heilenergien zu dienen, ist so, als dürfe man die Geschenke der göttlichen Gnade verteilen.

Bodyscan für Körper und Organe

Eine blinde Seminarteilnehmerin dankte mir, nachdem wir das Lied *Amazing Grace* gemeinsam gehört hatten. Wir alle hatten Tränen in den Augen, als sie sagte: »Seit meinem Unfall vor acht Jahren bin ich erblindet. In diesem Seminar habe ich gelernt, mit dem Herzen zu sehen und kann nun auf eine andere Art und Weise wieder alles wahrnehmen. Ich bin dir für deine Liebe und Geduld unendlich dankbar.« Es war ihr durch das mediale Sehen möglich, die menschlichen Körper und ihre Organe wahrzunehmen, inklusive der energetischen Blockaden und deren Ursachen. *Truly amazing!*

Wir haben diese Art des medialen Sehens geübt, indem wir den gegenseitigen *Bodyscan* in Partnerübungen praktizierten. Man nimmt dabei medialen Kontakt mit dem Energiefeld des Partners auf, der einem gegenüber auf einem Stuhl sitzt. Das funktioniert auch über größere Entfernungen. Über die energetische Frequenz des Übungspartners kann man zunächst eine Herzverbindung herstellen und dann die energetischen Impulse über die Intuition bzw. das mediale Sehen wahrnehmen. Nach etwa einer Minute tauchen die ersten inneren Bilder auf. Man kann gezielt in den Körper schauen wie mit einem Röntgengerät und Kontakt mit den einzelnen Organen aufnehmen.

Bei meinen Klienten fange ich in der Regel am Kopf an und taste das Energiefeld mit meinem geistigen Auge und meiner Hellfühligkeit von oben nach unten ab. Manchmal bleibt mein medialer Röntgenblick automatisch irgendwo hängen und ich schaue genauer hin. Was zeigen mir die Zähne? Die Nase? Bei Auffälligkeiten stelle ich Fragen an die Organe, nehme die Antworten hellhörig wahr und setzte den Bodyscan langsam fort. Was sagen die Lunge und der Magen? Welche Emotionen haben sich in der Leber angesammelt (z.B. Wut oder Ärger)? Was sind die Ursachen? In welchem Alter sind diese Ursachen aufgetreten? Oft läuft ein ganzer Film ab und wenn ich an einer auffälligen Stelle angekommen bin, spreche ich mit dem Klienten über das, was ich wahrnehme. Dabei stelle ich jedoch keine Diagnosen. Ebenso wenig lasse ich mich von möglichen Diagnosen, die meine Klienten vorab bekommen haben, beeindrucken oder irritieren. Der Bodyscan ist eine ganz neutrale, hilfreiche Vorgehensweise ohne den Anspruch, absolut perfekt zu sein. In allen Organen sind wie in einem Computer Informationen abgespeichert. Mit dem geistigen Auge kann man den Bildschirm medial wahrnehmen und sich in das energetische Feld einer Person einwählen wie in das Internet. Das geht mit etwas Übung ganz leicht.

Hannelore war von dieser Übung ganz begeistert und wollte sie zu Hause an freiwilligen Familienmitgliedern ausprobieren. Nicht immer stellen sich Familienmitglieder gern als Versuchskaninchen begeisterter Seminarteilnehmer zur Verfügung. Also übte Hannelore nach Einholung seines Einverständnisses an ihrem Hund, der schon seit ein paar Tagen nicht mehr fressen wollte. Sie machte einen Bodyscan, bis ihr in seinem Magen-Darm-Trakt ein dunkles energetisches Feld auffiel. Sie checkte den Körper weiter durch und kam an diese Stelle zurück. Als sie die Hände auf die Stelle legte, reagierte der Hund mit deutlichen Schmerzen. Am nächsten Tag brachte sie ihn zum Tierarzt und bestand auf einer Röntgenaufnahme. Auf dem Röntgenbild war deutlich zu sehen, dass sich im Zwölffingerdarm des Hundes ein Gegenstand befand, der nicht dahin gehörte und bereits eine Entzündung verursachte hatte. »Wenn Sie länger gewartet hätten, wäre es zu spät gewesen für Ihren Hund«, sagte der Tierarzt, bevor er den verschluckten Gegenstand entfernte.

Jeder Mensch kann seine medialen Fähigkeiten trainieren und sich auf ein Einsatzgebiet spezialisieren. Als Medium kann man sich mit allem, was ist, energetisch verbinden. Manche spezialisieren sich ausschließlich auf die Wahrnehmung von Verstorbenen. Eines meiner Spezialgebiete ist die Energiemedizin, wobei ich die Medialität zur Unterstützung von Heilprozessen einsetze. Mithilfe der geistigen Welt habe ich zwei komplementäre Methoden entwickelt (Quantum-Engel-Heilung und Cosmic Recoding), die beide auf der Erforschung und Transformation der Ursachen eines Krankheitsbildes oder einer Lebenskrise beruhen. Oftmals sind es mysteriöse Krankheitssymptome, die Menschen zu mir führen, weil sie schon seit Jahren nach Antworten suchen und oftmals falsch diagnostiziert wurden.

Erklärbare »Mysterien« aus meiner medialen Praxis

Eine große Ursachenquelle für körperliche Krankheiten sind unerkannte Viren, Bakterien und andere Pathogene. Millionen von Menschen leiden jahrelang darunter, ohne die entsprechende Hilfe zu erhalten. Für sie gebe ich die folgenden wichtigen Informationen weiter.

Bitte gib nicht auf, auch wenn dein Leidensweg oft unsagbar schwer ist! Bitte lass dich nicht entmutigen, wenn du dich schlecht fühlst, deine Blutwerte aber in Ordnung und auch andere Diagnosetests unauffällig sind und auch auf dem konventionellen Röntgenbild sowie im MRT nichts zu sehen ist. So geht es vielen Menschen, aber es gibt einen Grund für deine Beschwerden. Du hast sie dir nicht eingebildet. Du bist weder ein Hypochonder noch verrückt, wie manche vielleicht behaupten. Allerdings sind nur wenige Menschen in Heilberufen in der Lage, die Ursachen einer Erkrankung direkt durch ihre Medialität und Kommunikation mit der geistigen Welt zu erkennen, zu transformieren und den Heilprozess erfolgreich zu unterstützen.

Peter

Peter war Anfang dreißig und bisher immer gesund gewesen. Jetzt litt er an einer unerklärlichen Müdigkeit, Unkonzentriertheit und Vergesslichkeit, an Konzentrationsschwierigkeiten, körperlicher Schwäche, Druck auf den Ohren und einem Taubheitsgefühl in Armen und Beinen. Seine Karriere als Vertriebsleiter im Außendienst einer großen Versicherungsgesellschaft hatte einen steilen Verlauf genommen. Doch bald merkten die Kollegen in seinem Umfeld, dass er Termine vergaß, bei Besprechungen immer öfter den Faden verlor und Tag für Tag blasser wurde. Kopfrechnen war bisher immer seine Stärke gewesen, doch nun ging nichts mehr. Auch das Aufstehen fiel ihm immer schwerer und er kam regelmäßig zu spät zur Arbeit. Bei einem Arbeitslunch musste Peter seinem Chef gestehen, dass er sich krank fühle. Untersuchende Ärzte fanden nichts und sagten, er sei organisch vollkommen gesund. Ein Psychiater vermutete einen Burn-out und Depressionen. Peter nahm starke Antidepressiva und ging weiter ins Büro – bis er schließlich zusammenbrach und arbeitsunfähig wurde. Dank einer guten privaten Krankenversicherung war es ihm möglich, die besten Ärzte aufzusuchen und sich jahrelang von einem Spezialisten zum anderen zu schleppen, immer in der Hoffnung auf Besserung. Die blieb jedoch aus, bis er auf eine Empfehlung hin zu mir fand.

Über die mediale Kommunikation erhielt er endlich die Antworten auf seine Fragen inklusive der Anleitung für seine Heilung. Eine schwere Virusinfektion, die sein vegetatives Nervensystem angegriffen hatte, war die Ursache seiner Beschwerden. Nach drei Monaten ging es ihm deutlich besser und nach einem halben Jahr war sein ursprünglicher Gesundheitszustand vollkommen wiederhergestellt. Er hatte seine Lebensfreude und seine Energie wiedergefunden – und schließlich kam auch eine liebevolle Partnerin in sein neues Leben.

Cornelia

Es gibt unzählige falsch diagnostizierte Menschen, die vergebens nach Hilfe suchen. Oft sind die Ursachen ihrer Beschwerden winzig klein, wie es auch bei Cornelia der Fall war. Sie war erschöpft in den Urlaub nach Marokko gefahren, weil sie endlich mal Sonne tanken und etwas anderes erleben wollte. Schon am dritten Urlaubstag begann der schreckliche Durchfall, der ihren Körper noch mehr schwächte. Ihr Magen-Darm-System war schon lange sehr sensibel, weil sie große Schwierigkeiten hatte, den Tod beider Eltern zu verkraften, die bei einem Unglück ums Leben gekommen waren. Nach einer Woche Urlaub fuhr sie zurück in die Schweiz und suchte bei ihrem Hausarzt Hilfe. Nachdem eine Durchfalltherapie mit Kohletabletten nicht angeschlagen hatte, wusste er nicht weiter und verwies sie an einen Psychologen. Der ständige Durchfall hatte zu erheblichem Gewichtsverlust geführt, weil Cornelia gar nichts mehr essen konnte. Auch Fieberschübe nahmen ihr die Kraft. Auf Empfehlung buchte sie einen Termin bei mir. Die mediale Botschaft kam schnell: *Bitte auf E. coli untersuchen lassen.* Gesagt, getan.

Es war eindeutig. Die Laborergebnisse zeigten eine Infektion mit *Escherichia coli*-Bakterien. Die zielgerichtete Behandlung schlug nach kurzer Zeit an und Cornelia kam wieder zu Kräften. Die emotionalen Themen, die ihr Immunsystem geschwächt und zu der Empfindlichkeit für diese Infektionskrankheit geführt hatten, konnten ebenfalls geheilt werden.

Große Veränderungen können das Körpersystem schwächen und für Krankheitserreger empfänglich machen. Die größte Veränderung im Leben junger gesunder Frauen ist eine Schwangerschaft. Auch ich bin wenige Monate nach der Geburt meines Sohnes lebensgefährlich erkrankt, wie Tausende anderer Frauen. Es ist Zeit, hier Aufklärung zu ermöglichen.

Sonja

Der Krankheitsverlauf bei Sonja war gleichermaßen typisch und dramatisch. Die junge Mutter musste schon kurz nach der Geburt wieder arbeiten und war zwischen Halbtagsjob und Baby Sarah hin- und hergerissen. Sie fühlte sich von Woche zu Woche schlapper. Daran änderte auch die Vitaminkur aus der Apotheke nichts. Sie entschied sich für eine gründliche Untersuchung bei ihrem Arzt, der auch die Schilddrüsenfunktion überprüfte. Das Ergebnis war die Diagnose einer vermeintlichen Autoimmunkrankheit namens Hashimoto-Syndrom. Sonja wurde medikamentös eingestellt und musste Schilddrüsenhormone substituieren – lebenslänglich, da es keine Aussicht auf Heilung gab.

Die Hormone machten Sonjas Leben wieder erträglicher, aber richtig fit fühlte sie sich immer noch nicht und drei Monate später war die extreme Schwäche wieder da. Sie schaffte es nicht mehr zu arbeiten und sich den Rest des Tages und der Nacht um Sarah zu kümmern. Ihr Mann Klaus war verzweifelt. Er wollte Sonja mehr unterstützen. Er sah, wie sehr es sie allein schon quälte, morgens aufzustehen.

Ein Endokrinologe wurde zusätzlich zurate gezogen. Er bestätigte die Hashimoto-Diagnose und eine verminderte Funktion der Nebennieren, ohne die wahre Ursache dafür zu kennen.

Ein massiver Burn-out-Zustand machte es Sonja unmöglich, die Doppelbelastung weiterhin zu stemmen. Sie wurde arbeitsunfähig und brauchte zusätzlich Unterstützung bei der Kinderbetreuung. Burn-out bedeutet in der Regel, dass die Produktion von Adrenalin und Cortisol sowie anderer wichtiger Hormone der Nebennieren gestört ist. Die Nebennieren sind lebenswichtig und helfen unter anderem, in Stresssituationen mit der Kampf- oder Fluchtreaktion des Körpers zurechtzukommen.

Sonjas Zustand verschlechterte sich weiter. Ihre Gelenke schwollen an, sie nahm an Gewicht zu und spürte intuitiv, dass die wahre Ursache ihrer Misere immer noch nicht gefunden war. In ihrer Verzweiflung las sie viele Bücher zum Thema Heilung und recherchierte im Internet. So fand sie auch meine Website.

Bei unserem ersten Termin wurde deutlich, dass es noch einen weiteren wichtigen Aspekt gab, der bisher völlig unbeachtet geblieben war.

Ich nahm Kontakt zu ihrem Energiefeld auf und war medial mal wieder auf der Super-Mikroebene unterwegs. Sonjas Feld gab mir die Information *Epstein-Barr-Virus*. Dieses Virus löst das Pfeiffersche Drüsenfieber aus, das häufig mit einer Mandelentzündung verwechselt und fälschlicherweise mit Antibiotika behandelt wird. Sonja erinnerte sich an immer wiederkehrende

»Mandelentzündungen« und die Einnahme von Antibiotika. Vom Epstein-Barr-Virus hatte sie noch nie etwas gehört. Sie suchte einen Arzt für Infektionskrankheiten auf, der bei einem Bluttest feststellte, dass das EB-Virus in ihrem Blut zu finden war, doch für ihn ergab sich daraus kein akuter Handlungsbedarf. Unterdessen breitete sich das Virus immer weiter aus und wanderte immer tiefer in ihren Körper, auch ins Gehirn.

Mithilfe ihres Mannes besuchte Sonja weitere Ärzte und erhielt weitere Diagnosen: MS, Rheuma, Lupus, Candida, Arthritis etc. Sie war inzwischen so kraftlos, dass sie nur noch im Bett liegen konnte. Sie hatte oft Migräne, war schwer depressiv und verlor ihren Lebensmut immer mehr.

Schließlich bat mich Sonja um einen weiteren Termin, bei dem ich ihr das Mysterium des EB-Virus und seiner schlimmen langfristigen Auswirkungen, die auch in der Welt der Mediziner unbekannt sind, erklären konnte. Alle ihre Symptome, inklusive der Migräneanfälle und einer schweren Depression, sind auf das EB-Virus zurückzuführen, das auch ihre Schilddrüse, die Nebennieren, die Gelenke und ihr vegetatives Nervensystem angegriffen hatte. Es gibt über sechzig verschiedene Formen dieses Virus und einige davon sind sehr aggressiv. Unzählige Menschen mit schweren Depressionen und anderen Symptomen haben dieses Virus, ohne es zu wissen. Ärzte haben es durch Unkenntnis einfach verharmlost oder gar nicht behandelt.

Ich empfahl Sonja eine für ihre Situation genau passende Ernährungsumstellung und Entgiftung, die dieses aggressive Virus bekämpfen konnte. Sie war konsequent, denn ihr Leben stand auf dem Spiel. Schon nach wenigen Tagen ging die Schwellung in den Gelenken zurück und vier Wochen später hatte sie wieder Kraft und neuen Lebenswillen. Es dauerte noch einige Monate, bis sich ihr Körper zusehends erholte und sie wieder glücklich mit ihrer kleinen Tochter spielen konnte. Nach einem Jahr war sie vollkommen genesen und alle Symptome waren verschwunden.

Medialität und Ernährung

Oft werde ich in meinen Seminaren gefragt, ob man Vegetarier sein muss, um mit der geistigen Welt kommunizieren zu können. Es ist natürlich keine Voraussetzung. Die Engel und lichtvollen Wesen verurteilen niemanden, auch nicht aufgrund seiner Essgewohnheiten. Beim Thema Ernährung dürfen wir uns einmal mehr daran erinnern, dass alles Energie ist und eine bestimmte Schwingungsfrequenz hat, die sich unmittelbar auf das Wohlbefinden des Konsumenten auswirkt.

Mediale Menschen haben oftmals Probleme, Fleisch zu essen, weil sie sich mit der Energie des Tieres verbunden fühlen. Es kann sogar sein, dass sie auf den Teller schauen und dabei mediale Bilder empfangen, beispielsweise davon, wie ein Tier im Käfig gehalten und später zur Schlachtbank geführt wurde. Auf gar keinen Fall sollte man Kinder zwingen, Fleisch zu essen, wenn sie es nicht wollen. Sie spüren sehr wahrscheinlich die Panik und Todesangst des Tieres und können die daraus entstandene Mahlzeit einfach nicht essen. Es gibt viele Nahrungsalternativen, auch pflanzliche Proteine, die einen Verzicht auf Fleisch leicht möglich machen.

Man spürt, in welcher Umgebung eine Mahlzeit gekocht wurde. Als feinfühliger Mensch merkt man auch sofort, ob ein Essen mit Liebe gekocht wurde oder ob der Koch einfach keine Lust hatte zu kochen bzw. das Essen mit negativen Energien wie

Wut und Ärger »gewürzt« hat. Alle Informationen von der Entstehung eines Nahrungsmittels über die ganze Nahrungskette bis hin zur Produktion unserer Mahlzeiten sind als Information energetisch abrufbar und auch veränderbar. In meinem Buch *Cosmic Recoding* erkläre ich, wie man schädliche Schwingungsmuster von Materie inklusive Nahrungsmittel entschlüsselt, decodiert und durch neue kosmische Lichtcodes ersetzt. Man kann noch so gesund einkaufen und im Bioladen ein Vermögen ausgeben – wenn die Schwingungsfrequenz der Nahrungsmittel negativ beeinflusst wurde, ist auch die ursprüngliche Information des frischen Obstes und Gemüses verändert. Genau wie Blumen haben alle Pflanzen ein Bewusstsein und eine entsprechende Schwingungsfrequenz. Bei Blumen kann man deutlich sehen, ob sie sich in einer Umgebung wohlfühlen. Wenn nicht, verwelken sie einfach schnell. Also, liebe Vegetarier und Veganer, es kommt darauf an, ob ein Essen mit der eigenen höchsten Schwingungsfrequenz in Resonanz geht oder nicht. Das ist die wichtigste Frage.

Feinfühlige, mediale Menschen kennen intuitiv die Antwort darauf und wissen auf der Seelenebene, was ihnen dient oder eben nicht. Schon beim Einkaufen im Supermarkt oder auf dem Wochenmarkt kann man die Schwingungen der Nahrungsmittel spüren und jeden Apfel oder jede Kartoffel ganz bewusst auswählen. Man kann zusätzlich die eigene Seele fragen: »Ist dieses Lebensmittel in Resonanz mit meiner höchsten Schwingung?« Wenn die Antwort ja ist und man eine positive Resonanz mit einem Lebensmittel, einem Getränk oder einer fertigen Mahlzeit spürt, kann man es zu sich nehmen und genießen.

Es gehört aber auch etwas Übung dazu, klar mit der Seele zu kommunizieren und sich nicht vom Ego überlisten zu lassen, das vielleicht eine alte Sucht nach Schokoladeneis und Cola pflegen möchte. Bitte die Kontaktaufnahme zur eigenen Seele öfter üben (CD *Praxisprogramm Cosmic Recoding*)! Wenn die Antwort der Seele ein klares Nein ist, kann es hilfreich sein, noch einmal nachzufragen und zwei innere Bedenklichkeitskategorien zu bilden. Kategorie eins geht von 1 bis 5 und Kategorie zwei von 5 bis 10. Die Zahl 10 steht am oberen Ende der Bedenklichkeitsskala für die Gesundheit des eigenen Systems: Alarmstufe Rot! Das bedeutet, die Seele empfiehlt, einfach auf das betreffende Nahrungsmittel zu verzichten.

In alten Zeiten wurden an den Königshöfen immer zuerst die Seherinnen konsultiert, bevor ein König speiste und möglicherweise vergiftetes Essen oder Wein zu sich nahm. Erst dann war der berufsbedingt nervöse Vorkoster an der Reihe. In der heutigen Zeit gibt es viele unsichtbare Dinge, die das Essen vergiften könnten. Frisch gefangener Fisch oder Algen aus dem Meer sind nicht gesund, wenn sie durch den Reaktorunfall in Japan radioaktiv verseucht sind oder hohe Quecksilberwerte aufweisen. Die westliche Welt ist weit davon entfernt, gesunde, natürlich produzierte Nahrungsmittel bereitzustellen. Viele Pflanzen sind inzwischen durch Genmanipulation verändert worden. Bitte nimm dir Zeit und schlage selbst nach, welche Auswirkungen das hat.

In den USA kaufen sich alle, die es sich irgendwie leisten können, *organic produce*, was man mit »Biogemüse« übersetzen könnte. Besonders in Kalifornien ist *organic* inzwischen zum Modewort geworden. Es wird überhaupt nicht mehr hinterfragt.

Ein Flug nach Maui hat meine Betrachtungsweise des Themas *organic* deutlich relativiert. Wir flogen von Phoenix, Arizona, los und freuten uns, nun zum ersten Mal für ein paar Tage nach Hawaii fliegen zu dürfen. Nach ungefähr 40 Minuten kam die Durchsage, dass aufgrund einer technischen Störung die Überquerung des Pazifiks nicht gewagt werden könne. Wir mussten umkehren und zurück zu dem Flughafen, von dem wir gerade erst gestartet waren. Ich schaute traurig aus dem Fenster, während die Maschine über den grünen Feldern Kaliforniens kreiste. Überall wuchsen Biosalat und andere tolle Produkte, die von den Bauern ganz sicher nach *Organic*-Vorschriften angebaut und gepflegt worden waren.

Ich fragte schließlich ungeduldig, warum wir nun schon seit mehr als einer Stunde im Kreis über die Felder flogen, anstatt schnell zurückzukehren, damit der Flieger ausgetauscht werden konnte. Michael erklärte mir, es sei zu gefährlich, in Phoenix zu landen, weil der Tank noch ganz voll sei. Der Treibstoff des Flugzeuges wurde also einfach nach und nach und ganz gezielt über den grünen *Organic*-Feldern Kaliforniens verschüttet, bevor wir wieder landen konnten.

Die besten Informationen bekommt man also immer noch, indem man feinfühlig ist und medial auf das eigene Bauchgefühl hört, denn auch die Kennzeichnung von Lebensmitteln aus aller Welt ist zu verwirrend, als dass man wirklich verstehen könnte, was sich darin befindet.

Was sind spirituelle Lebensmittel und was nicht?

Spirituelle Lebensmittel, wenn man sie so nennen möchte, haben eine hohe energetische Schwingungsfrequenz, weil sie in einem liebe- und lichtvollen Umfeld gewachsen und unverändert, also naturbelassen geblieben sind. Auf jeden Fall wirkt sich ihre kraftvolle Schwingung positiv auf das ganze Körpersystem des Konsumenten aus.

Gerade in der Heilarbeit mit Kindern habe ich immer wieder festgestellt, wie wichtig eine natürliche, gesunde Ernährungsweise ist. Häufige Ursachen für ungewöhnliches Verhalten bei feinfühligen, medialen Kindern sind allergische Reaktionen auf Lebensmittelfarben, Milchprodukte, weißen Zucker, Weißmehl, künstliche Aromen, Konservierungsmittel, Pestizide, Schwermetalle und andere niedrig schwingende Stoffe, die beispielsweise den Hormonhaushalt durcheinanderbringen. Ein Vitamin- und Mineralstoffmangel kommt häufig dazu. Leider werden ihre Verhaltensauffälligkeiten häufig fasch diagnostiziert. Dann wird ihnen der Stempel ADHS aufgedrückt und man verabreicht ihnen Medikamente und andere Gifte. Es geht aber auch anders.

Tropische Früchte wie Mango, Papaya, Kiwi, Ananas, Orangen, Zitronen, Feigen etc. sind durch intensive Sonneneinstrahlung gereift und haben daher eine hohe natürliche Schwingungsfrequenz (wenn sie nicht durch Pestizide verändert wurden). Sie wirken sich in ihrer natürlichen Form inspirierend auf lichtempfindliche, mediale Menschen aus, die mit der hohen Schwingungsfrequenz dieser Früchte in Resonanz gehen. Die Informationen in Lebensmitteln können Menschen fröhlich stimmen und Körper, Geist und Seele wirklich nähren. Auch die mediale Kommunikation mit hoch schwingenden Wesen wird dadurch erleichtert.

Der Verzehr fettiger, giftiger, überzuckerter Fast-Food-Produkte kann besonders feinfühlige Menschen krank machen und schwerste Depressionen verursachen. Der Konsum von Suchtmitteln wie Kaffee und Alkohol kommt noch erschwerend hinzu. Er senkt die eigene Schwingungsfrequenz sofort. Man kann sie temporär auch ganz bewusst einsetzen, wenn man zu viel fühlt. Das habe ich zum großen Staunen meiner Schüler in München gemacht.

Ich hatte in einem Seminar den ganzen Tag mit hohen Lichtwesen kommuniziert und Botschaften aus der geistigen Welt durchgegeben. Alle waren begeistert, die Energie war riesig hoch. Wir strahlten lichtvoll aus offenem Herzen. Im Anschluss an das Seminar wurde ich von einigen Schülern überrascht. Sie luden meinen Mann und mich zum Essen in ein uriges Münchner Lokal ein. In der Regel lehne ich dies dankend ab, weil ich als feinfühliger, medialer Mensch, der den ganzen Tag gechannelt hat, schlecht mit der Informationsflut und Lautstärke in Lokalen umgehen kann. Natürlich machte ich meine »Türen schließen« -Übungen, bevor wir kurz darauf mit 15 Personen am Tisch saßen. Hunderte anderer Gäste vergnügten sich mit Haxen und Bier. »Wow«, dachte ich. »Wie übersteh ich nur lächelnd diesen Abend?«

Natürlich waren die Seminarteilnehmer daran interessiert, was ich nun bestellte. Es gab Gott sei Dank einen großen Salatteller, denn Schweinefleisch esse ich auf gar keinen Fall. Auch wenn es bayrische Landessitte ist, Haxen zu essen, geht das für mich gar nicht. Die Intensität in diesem Restaurant zehrte an meinen Nerven, da ich die Stimmen der Engel, der Verstorbenen, der Seminarteilnehmer, des Kellners und aller anderen Gäste auf einmal wahrnahm. Da half nur, ganz bewusst die Schwingungsfrequenz zu senken und ein wenig abzustumpfen. Ich bestellte ein großes Radler. Der gestresste Kellner brachte mir schon bald einen riesigen Krug mit einem Liter Bier und Limonade. Alkohol und Zucker sind in Krisensituationen wie diesen ideal, um die feinfühlige Wahrnehmung zu senken und die Signale, die man ständig empfängt, auszublenden. Ich hörte, wie ein paar meiner Schüler tuschelten, als ich zügig das Bier trank: »Das hätte ich jetzt nicht von der Frau Mora gedacht …«

»Hurra, es wirkt«, war mein einziger Gedanke. Ich überstand den bunten bayrischen Abend etwas alkoholisiert, aber erleichtert.

Smoothies und Superfood für mediale Menschen

Eine einfache Form der gesunden Ernährung beginnt mit Smoothies zum Frühstück. Der Begriff *Smoothie* stammt aus dem Amerikanischen und bedeutet so viel wie »cremig und fein«. Ein Smoothie ist eine komplette Mahlzeit, die im Mixer aus Obst und Gemüse in unterschiedlichem Mischverhältnis hergestellt wird. Mein Mann hat sich bei der Zusammenstellung von Smoothies als besonders kreativ erwiesen. Er, der jahrelang behauptet hat, Grünfutter sei nur etwas für Hasen, hat sein typisches amerikanisches Frühstück, bestehend aus Eiern mit Speck, Ketchup und Pfannkuchen mit Ahornsirup, ausgetauscht und sich zu meiner großen Freude zum Smoothie-Chef unserer Familie entwickelt. Er fühlt sich jetzt viel besser und schätzt die Nährstoffe seines selbst gemixten Frühstücks. Michael ist mit einem Vitamix ausgestattet, der sich als Power-Partner in der Smoothie-Zubereitung bewährt hat. In diesem Gerät kann man alle klassischen Gemüse- und Salatsorten roh, mit einem Früchteanteil kombiniert zum Smoothie verarbeiten. Grünes Blattgemüse ist reich an wichtigen Aminosäuren, Mineralien, Antioxidantien, Vitaminen, Spurenelementen und Mineralien und macht den Körper basisch. Das Immunsystem wird auf natürliche Weise gestärkt und der Körper von innen gereinigt. Dadurch erhöht sich die Schwingungsfrequenz aller Zellen im Körper. So wird Medialität mit Leichtigkeit lebbar.

Es gibt inzwischen viele Smoothie-Rezepte im Internet und in zahlreichen Büchern. Deshalb verrate ich an dieser Stelle nur das Basisrezept meines *Regenbogen-Smoothies*. Die Zutaten haben alle Farben des Regenbogens, und es macht mir schon

Spaß, sie in der Küche bereitzulegen. Dann wähle ich je nach Lust und Laune jeweils mindestens zwei Zutaten pro Farbe aus.

Rot:	Rote Bete, Himbeeren, Erdbeeren, Äpfel, Goji-Beeren
Gelb:	Banane, Pfirsich, Birne, Ananas, Ingwer, Zitronen
Orange:	Papaya, Mango, Zimt, Kurkuma, Möhren, Mandeln
Grün:	Salat, Brokkoli, Avocados, Sellerie, Kräuter, Limetten
Blau/Lila:	Heidelbeeren, Acai-Beeren

Die Basis bilden 50 Prozent Wasser und 50 Prozent Kokoswasser. Ich gebe noch Eiswürfel hinzu, vor allem wenn es heiß ist. Die Regenbogen-Zutaten kommen in den Mixer und werden mit pflanzlichem Proteinpulver ergänzt.

Dann gebe ich je nach Intuition mehrere der folgenden Superfoods hinzu: Maca, Moringa, Spirulina, Camu Camu, Macqui, Chiasamen (vorher eingeweicht).

Die Zutaten für meinen Regenbogen-Smoothie kann man nach Belieben variieren. Fehler kann man dabei nicht machen. Das Experimentieren nach eigenen geschmacklichen Vorlieben gehört dazu und macht Spaß. Je mehr Freude man an seiner Zubereitung hat, desto höher ist die Schwingungsfrequenz des Smoothies. Man kann auch ganz bewusst Gedanken und Emotionen hineingeben: liebevolle, lustvolle, humorvolle Gedanken, Glücks- und Freiheitsgefühle, Selbstbewusstsein, Konzentrationsstärke, Kraft, Jugendlichkeit, Dankbarkeit und vieles mehr, ganz nach Herzenswunsch.

Wer möchte, kann seinen himmlischen Helfern und Mutter Erde für alle Zutaten danken und um ihren Segen für den Regenbogen-Smoothie bitten. Auch Devas und Feen, die lichtvollen Helfer aus dem Pflanzenreich und der Mineralwelt, kann man einladen und ihnen eine kleine Kostprobe abgeben, die man an einen dafür vorgesehen Platz in der Küche stellt.

Das 28-Tage-Power-Programm

Bei ernsthaften gesundheitlichen Problemen empfehle ich meinen Klienten, ihre Ernährung mindestens 28 Tage lang ganz bewusst umzustellen und hauptsächlich Rohkost, bestehend aus Früchten und Gemüse, zu essen. Auf Alkohol muss in dieser Zeit ganz verzichtet werden. Man kann dieses Programm so lange machen, wie man möchte, solange man dabei auf den eigenen Körper hört.

Wer erkrankt ist (und sei es nur leicht) oder das Gefühl hat, dieses Programm sei zu radikal, kann es auch nur ein bis zwei Tage pro Woche einhalten. Es ergibt einfach ganz viel Sinn, dass Nahrungsmittel nur dann auch Lebensmittel sind, wenn noch Lebensenergie darin enthalten ist. Genau diese Lebensenergie, auch Chi genannt, bringt kranke Menschen wieder in die Schwingungsfrequenz der Gesundheit. Die körpereigene Intelligenz ermöglicht die Heilung.

Nach dem Aufstehen

Du kannst je nach aktueller Vorliebe einen der folgenden Wachmacher wahlweise oder abwechselnd am frühen Morgen genießen. Sie unterstützen den in der Nacht begonnenen Entgiftungsprozess des Körpers.

- ausgepresste Zitrone mit heißem Wasser (und etwas Honig)
- frisch gepresster grüner Selleriesaft
- Kokoswasser mit Spirulina
- Entgiftungs-(Detox-)Tee auf Kräuterbasis

Zum Frühstück

Mache dir morgens einen Smoothie, vielleicht mit Bananen, Beeren, Spinat, Sellerie, Rote Bete, Ingwer, Kurkuma. Du gibst Wasser, Eiswürfel und die anderen Zutaten in den Mixer, beginnst auf einer schwachen Stufe und erhöhst die Drehgeschwindigkeit des Mixers dann langsam bis zum Maximum. Dabei werden alle Zutaten in wenigen Minuten in kleinste Teilchen zerlegt, bis du einen cremigen Smoothie hast. Trinke zwei Drittel davon und heb ein Drittel für später auf.

Am Vormittag

Genieße den restlichen Smoothie und trinke reichlich warmes Ingwer-Wasser oder Kräutertee.

Zum Mittagessen

Mittags gibt es Salat in vielen verschiedenen Varianten: grünes Blattgemüse wie Kopfsalat, Gurken oder Spinat, gemischt mit frischen Früchten. Je nach Saison können das Erdbeeren, Äpfel, Orangen, Mangos, Papayas oder Grapefruit sein. Verzichte auf Fertigsaucen aller Art und mach das Dressing selber. Dazu wird Zitronen- oder Orangensaft mit einer halben Avocado, frischem Koriander oder frischer Petersilie in den Mixer gegeben und emulgiert. Wahlweise können Ingwer, Frühlingszwiebeln, Sprossen oder Knoblauch dazugegeben werden. Bitte nur ganz wenig Salz verwenden, vorzugsweise Himalajasalz. Die Portion kann so groß sein wie du möchtest. Dies ist die Hauptmahlzeit des Tages.

Am Nachmittag

Es ist hilfreich, alle zwei bis drei Stunden ein wenig Nahrung zu sich zu nehmen. Indem du zwischendurch einen Apfel, eine Orange oder Mandarine oder wahlweise etwas Staudensellerie isst, tust du etwas für deinen Stoffwechsel. Solltest du gar keinen Appetit haben, sind ein Löffel Honig, ein paar Beeren, Feigen oder Datteln empfehlenswert. Bitte keinen Kaffee oder schwarzen Tee trinken!

Zum Abendessen

Mit einem guten Mixer kannst du auch Suppen herstellen. Sehr lecker ist Tomatensuppe aus mehreren Tomaten, Staudensellerie, Knoblauch und einer Orange. Wer es lieber grün mag, kann sich eine Suppe aus Blattspinat, Brokkoli, Frühlingszwiebeln, Gurken, Spirulina und Knoblauch mixen. Auch Möhrensuppe, gemixt mit Blumenkohl, Mango und Äpfeln, ist eine Alternative.

Als Snack

Solltest du spätabends noch Hunger haben oder auch zu einer anderen Zeit, kannst du einen kleinen Snack einnehmen. Auch hier sind ein Apfel, ein paar Beeren, Feigen oder Datteln empfehlenswert.

Dieses 28-Tage-Programm ist für die meisten Menschen ungewohnt. Man kann sicher die Smoothies und die Suppen miteinander tauschen, doch sollte man sich und seinem Körper die Chance zur Heilung geben.

Wie man mehr als 110 Jahre alt wird

Ich habe vor einigen Jahren den ältesten Mann von Arizona persönlich kennengelernt. Er war zu dieser Zeit 110 Jahre alt. Als er mir die Hand schüttelte und sein Geheimnis für ein langes Leben verriet, war ich tief beeindruckt. Bernando LaPallo wurde 1901 in Brasilien geboren. Er erzählte mir von einer Zeit, als es noch keine Autos und keine Flugzeuge gab. Auch er ist aus meiner Sicht ein Medium zwischen den Welten.

In seinem Buch *Age Less, Live More* teilt er sein Geheimnis für ein langes Leben mit seinen Lesern. Seine Kost besteht aus rohem Bio-Gemüse und frischen Früchten. Er geht täglich spazieren und reibt seine Fußsohlen und den gesamten Körper nach einer warmen Dusche mit Olivenöl ein. Er hat keine Falten. Auf Fleisch verzichtet er vollkommen. Auf meine Frage, ob es denn gar kein Fleisch gebe, das man verzehren könne, riet er dringend von Schwein und Rind ab. Das einzige, was man aus seiner Sicht ab und zu essen kann, ist Lammfleisch.

Bernando hat immer noch einen hellwachen Verstand und löst leidenschaftlich gern Kreuzworträtsel. Die Empfehlung für diesen Lebensstil hat er von seinem Vater bekommen, einem Arzt, der selbst 98 Jahre alt geworden ist. *Halte deine Leber und deinen Darm rein,* gehörte ebenfalls zur Lebensphilosophie seines Vaters.

Am Ende unseres Gesprächs sagte Bernando traurig, sein eigener Sohn habe nicht auf ihn gehört und sei mit 75 Jahren viel zu jung gestorben.

Medialität und Männlichkeit

Bin ich kein richtiger Mann, wenn ich feine Antennen habe? Diese Frage stellen sich viele feinfühlige Männer, besonders diejenigen, die noch in der Rolle des Patriarchen, Ernährers und Versorgers gefangen sind. Schon in der Kindheit wurde ihnen oft verboten, Tränen des Mitgefühls zu vergießen oder ihrem Seelenschmerz Ausdruck zu verleihen.

Männer lernen früh, dass sie nur dazugehören, wenn sie stark und cool sind. Sensiblen Männern ist es selten möglich, Medialität, Sensitivität und Männlichkeit unter einen Hut zu bringen. Es gibt nur die Rolle des starken Helden und die weniger verlockende Variante Heulsuse/Weichei. Dieses gesellschaftliche Klischee macht es einem sensiblen Jungen nahezu unmöglich, einen konstruktiven Kompromiss für sich selbst zu finden. Daher wird die besondere Wahrnehmungsfähigkeit oft unterdrückt und die Sensibilität zugunsten einer »allgemein akzeptierten« Männlichkeit geopfert.

Das führt langfristig zu inneren Konflikten. Durch das Zwangskorsett des »starken Mannes« werden viele Emotionen unterdrückt, die mitunter erst viel später in Form von Bluthochdruck, Herzinfarkt, Depressionen und anderen Krankheiten zutage treten.

Natürlich gibt es auch Ausnahmen und berühmte Beispiele für männliche Medien und mediale Heiler. Edgar Cayce war eines der bekanntesten amerikanischen Trance-Medien. Er channelte präzise Diagnosen und hilfreiche Heilmethoden aus der Akasha-Chronik, und noch heute gibt es weltweit Zentren, die das Wissen aus seinen über 300 Büchern vermitteln und anwenden.

Zu jeder Zeit gab es mediale Künstler, Musiker, Erfinder und für ihr Werk berühmt gewordene Persönlichkeiten. Wie schwer ihr Leben als feinfühlige Medien wirklich war, ist weniger bekannt. Ich möchte in diesem Buch von ganz unbekannten Menschen erzählen, die unsere Nachbarn sein und denen wir überall im Alltag begegnen könnten. Es ist wichtig, dass wir sie wahrnehmen, ihnen zuhören und unsere Herzen für sie öffnen.

Sascha

Die Geschichte von Sascha ist traurig. Er war ein hochsensibler Junge, der in seinem Umfeld kein Verständnis fand. Sascha konnte mit Tieren sprechen und Naturwesen sehen, doch für seine Mitmenschen war er mit seiner ausgeprägten Hellsichtigkeit und Hellhörigkeit nichts als ein Spinner und Träumer. In einer Welt, in der nur das harte Arbeiten und Zupacken zählte, wurde er permanent verspottet und bestraft.

Er lebte bei seinen Großeltern auf einem alten Bauernhof und litt seine ganze Kindheit hindurch und auch noch als Teenager sehr darunter, dass er regelmäßig nachts ins Bett machte. Niemand kannte den Grund dafür und die überforderte Großmutter schimpfte immer nur mit ihm. Er war verzweifelt. Auf keinen Fall wollte er mehr ins Bett machen und die ganze Nacht im kalten Urin liegen. Er trank abends so wenig er konnte und ging vor dem Schlafengehen immer zur Toilette. Trotzdem passierte es wieder und auch die Schläge, die ihm sein Opa gab, konnten nichts daran ändern. Keine Strafen und auch keine anderen Maßnahmen halfen. In seiner Verzweiflung besorgte sich Sascha Gummibänder und band sich nachts den Penis ab, damit er nicht ins Bett machte.

Der Grund für das furchtbare Leiden des Jungen war seine Medialität, mit der er nie natürlich umzugehen gelernt hatte. Sascha nahm auch nachts die Wesenheiten wahr, die durch den alten Bauernhof geisterten. Er glaubte, Albträume zu haben. Er sah die Gesichter und Fratzen in seinem Zimmer und spürte auch körperlich, wie sie ihn berührten und belästigten. Dann machte er aus Angst in die Hose und wachte oft mitten in der Nacht schreiend auf – in einem nassen Bett. Mit 15 Jahren nahm er sich zum Entsetzen seiner Großeltern das Leben.

Das Bild des neuen medialen Mannes

In der neuen Zeit des Erwachens findet jedoch ein erkennbarer Bewusstseinswandel statt. Der neue Typ Mann, der seine Emotionalität, Empathie und Sensibilität lebt, ist besonders bei Frauen sehr gefragt. Sie haben die Nase voll von kontrollierenden Machotypen und sehnen sich nach Partnern, mit denen sie ihre Spiritualität leben können. In meinen QEH-Seminaren ist der Großteil der Teilnehmer weiblich. Jeder interessierte Mann, der sich anmeldet, wird garantiert von einigen Frauen umschwärmt. Es ist auch immer schön, wenn Paare zu uns kommen. Das ist besonders bei Cosmic Recoding der Fall, da diese Methode auf den universell gültigen Schöpfungsgesetzen beruht.

Aufpassen dürfen die feinfühligen, medialen Männer, dass sie von ihrem Umfeld, auch von der Partnerin, richtig verstanden werden, vor allem wenn sie nicht gelernt haben, ihre Grenzen klar zu behaupten. Ihre liebevolle und gutmütige Art wird häufig ausgenutzt. Obwohl sie in Partnerschaften oft verständnisvoll und selbstlos agieren und der Geliebten jeden Wunsch von den Augen ablesen, kann es sein, dass sie als »Volltrottel« betrachtet und am Ende verlassen werden, obwohl sich die Frau eigentlich einen sensiblen Partner gewünscht hat. Auch die Frauen dürfen lernen, mit ihren feinfühligen Männern entsprechend umzugehen, statt sie zu verletzen.

In der neuen Zeit ist das Zusammenwirken von männlicher und weiblicher Energie gefragt. Damit er seine medialen Sinne erfolgreich einsetzen kann, muss ein Mann seine intuitive rechte Gehirnhälfte nutzen und seine weibliche Energie bewusst zulassen, statt sie zu unterdrücken. Das ist in der schamanischen Tradition schon seit Jahrtausenden bekannt. Lange Haare sind bei indianischen Männern kein Zeichen von Weiblichkeit, sondern zeugen vom Bewusstsein der eigenen Kraft. Die wahre Stärke eines Mannes oder einer Frau speist sich aus dem gelebten Bewusstsein, wer man wirklich ist, aus dem Zugang zur eigenen Schöpferkraft.

Medialität am Arbeitsplatz

In der Arbeitswelt treffen wir immer wieder auf Menschen, die mit ihrer erhöhten Wahrnehmungsfähigkeit und ihrem erweiterten Bewusstsein berufliche Herausforderungen schnell und komplikationslos meistern. Sei es der Arzt in der Notaufnahme, der intuitiv handelt, blitzschnell Entscheidungen trifft und damit Leben rettet. Sei es der Lkw-Fahrer, der sich trotz Übermüdung mit seinen medialen Sinnen sicher im Straßenverkehr bewegt. Sei es der Koch, der dank seiner ausgeprägten Feinfühligkeit die tollsten Kreationen für seine Gäste zaubert. Sei es der Hightech-Vertriebsleiter, der seine medialen Fähigkeiten in Verkaufsgesprächen anwendet. Seien es all die wundervollen QE-Heiler und CRC-Coaches, die mit ihrer Medialität Menschen helfen. In jeder Berufsgruppe ist der Einsatz aller medialen Sinne sehr wirkungsvoll und oft der Schlüssel zum Erfolg.

Zur Inspiration teile ich an dieser Stelle gern noch weitere Erfahrungen mit dem Einsatz medialer Fähigkeiten in unterschiedlichen Berufsfeldern. Beginnen möchte ich mit einem Beispiel, das ich nicht zur Nachahmung empfehle.

Der Hedgefonds-Manager

Banker Rudi lebt in der Schweiz. Er hatte mich bei einem Interview im Schweizer Fernsehen gesehen und wollte dringend einen privaten Termin. Er war sehr charmant, hatte Probleme in seiner Ehe und ganz viel Erfolg in seinem Beruf als Hedgefonds-Manager einer großen Schweizer Bank. Meine Hauptaufgabe ist es, Menschen bei ihren Heilungsprozessen zu unterstützen. Rudi interessierte sich jedoch vor allem für die Botschaften aus der geistigen Welt. Er selbst arbeite mit einem Geistführer und anderen astralen Wesen zusammen, die ihm dabei halfen, Aktien zum richtigen Zeitpunkt zu kaufen oder zu verkaufen. »Was sagen die Engel dazu?«, war seine Frage, wenn es um den Handel mit bestimmten Aktien ging. Er erzählte mir, dass er seine besten Tipps aus der geistigen Welt erhielt und so schon tolle Geschäfte gemacht hatte. Er war der Beste in seiner Bank und von seinem Erfolg besessen. Ich sah in seinem Energiefeld mehrere dunkle Wesenheiten, die ihm die Lebensenergie absaugten und ihn in eine Sucht getrieben hatten. Er war süchtig nach beruflichem Erfolg und Internet-Pornografie und das hatte seine Gesundheit und seine Ehe zerrüttet. Ich bot ihm an, ihm gemeinsam mit den Engeln bei diesen Themen zu helfen, doch davon wollte er nichts wissen. Ihn interessierten nur die Aktienkurse, doch da konnte ich ihm nicht weiterhelfen. Die lichtvollen Wesen, mit denen ich arbeite, geben keine Lottozahlen durch und spekulieren auch nicht mit Aktien. Seine jahrelange Sucht und Besessenheit führten schließlich zum Nervenzusammenbruch und zu einem monatelangen Klinikaufenthalt. Vor dem Missbrauch medialer Fähigkeiten und dem Versuch der gierigen, materiellen Bereicherung kann ich nur warnen. Der Preis dafür ist sehr hoch.

Die Immobilienmaklerin

Gabi sucht ständig unter großem Zeitdruck Häuser für ihre Klienten, denn keiner hat die Zeit, sich Hunderte von Objekten anzuschauen. Jeden Tag werden die Daten in ihrem Computersystem erweitert, neue Objekte kommen hinzu, andere sind bereits verkauft. Gabi hat gelernt, sich von diesem Druck zu befreien und beginnt jeden Tag mit einer Meditation. Sie verbindet sich zuerst mit ihrer eigenen Seele und dann mit der Seele ihres Klienten. Zusätzlich lädt sie die Engel ein und bittet um Führung durch den Tag. Immer wenn sie im Büro die Liste der vakanten Objekte durchgeht, legt sie die Kriterien des Klienten daneben. Sie spürt über ihr Herz die Verbindung zum Klienten und lässt ihn durch ihre medialen Augen über die Liste schauen. Aus Hunderten von Objekten wählen sie dann »gemeinsam« ein Dutzend Häuser aus. Gabi macht die Erstbesichtigung und trifft die Vorauswahl. Sie präsentiert ihren Klienten nicht mehr als fünf Objekte. Eines davon ist immer ein Volltreffer. »Wie konnten Sie denn nur so genau unseren Geschmack treffen?«, fragen ihre Klienten oft. Gabi schmunzelt dann nur, denn die Klienten haben sich das Objekt auf dem energetisch-medialen Weg selbst ausgesucht. Das ist ihr kleines Erfolgsgeheimnis.

Es ist natürlich auch in der Geschäftswelt möglich, alle medialen Sinne einzusetzen. Gewinnmaximierung durch Medialität ist durchaus legitim. Die ethische Grundregel *zum besten Wohle aller* sollte dabei jedoch immer berücksichtig werden.

Die Innenarchitektin

Schon in ihrer Kindheit hat die feinfühlige Alice Puppenhäuser eingerichtet und die Möbel im Wohnzimmer ihrer Eltern hin und her geräumt. Es war immer ihr Traum gewesen, Innenarchitektin zu werden. Sie spürte genau, wie sich Farben auf die Schwingungen in einem Raum auswirken. Sie konnte Fremdenergien und Störzonen sehen und wusste, wie man sie entfernt. Sie spürte, dass die Energien von eckigen Möbelstücken wie Pfeile zurückgeworfen werden und dass dies dadurch behoben werden kann, dass man die scharfen Ecken der Möbel einfach rundet. »Sofort fließt die Energie im Raum wieder und die Bewohner leben in größerer Harmonie«, erzählte sie begeistert. Inzwischen ist sie mit ihrer medialen Arbeit sehr bekannt geworden und hat ihre Berufung zum Beruf gemacht.

Der Zahnarzt

Vor einigen Jahren hat sich der feinfühlige Sven von mir ausbilden lassen. Seine hohe Sensitivität hat ihm als Zahnarzt schon immer gute Dienste erwiesen. Seine Patienten lieben ihn, weil er genau spürt, wann sie Schmerzen haben, und weiß, wie er dann besonders schonend mit ihnen umgehen kann. Er setzt seine Instrumente vorsichtig und mit ausgeprägter Hellfühligkeit ein. In der Ausbildung hat er zusätzlich seine Hellsichtigkeit entwickelt und kann die Energien der Zähne jetzt genau erkennen. »Wenn es um den Zahn herum rot leuchtet, weiß ich sofort, dass die Wurzel entzündet ist«, erklärte er mir in einem Gespräch. Mittlerweile bezieht er auch die Engel in seine Tätigkeit ein. Die kleinen Patienten lieben die Behandlungen von

Dr. Sven und Erzengel Raphael ganz besonders. Viele der Kinder sind hellsichtig, können die Energien der Engel sehen und fürchten sich deshalb nicht mehr vor dem Zahnarzt.

Die Kriminalbeamtin

Lydia war schon immer hochsensibel gewesen und interessierte sich zur Überraschung ihrer Eltern für eine Berufslaufbahn bei der Polizei. Ihre medialen Instinkte halfen ihr in der Ausbildung und vor allem bei der Lösung von Kriminalfällen. Sie ist heute in der Mordkommission tätig und hat trotz ihrer Feinfühligkeit gelernt, sich gut abzugrenzen. Wenn sie an einen Tatort kommt, kann sie die Fakten nüchtern und sachlich aufnehmen. Danach zieht sie sich zurück und nimmt meistens einen der am Tatort gefundenen Gegenstände mit. Nachdem sie Verbindung mit ihren Engeln aufgenommen hat, lässt sie sich auf einer anderen, geschützten Ebene die Informationen durchgeben, die sie braucht, um den Mordfall zu lösen. Sie sieht dabei mediale Bilder und bewegte Sequenzen. Natürlich ist die Analyse und Interpretation dieser Bilder eine Kunst, für die man auch viel Erfahrung braucht. Mediale Menschen sind nicht perfekt und manchmal kommt Lydia nur Schritt für Schritt und über vermeintliche Umwege ans Ziel. Es hilft ihr bei ihrer Arbeit, wenn die Seele des Mordopfers durchkommt und ihr Details über den Tathergang und den Täter durchgibt, doch das ist eher die Ausnahme. Lydias Erfolgsquote beim Lösen von Verbrechen und beim Auffinden vermisster Personen ist sehr hoch.

Die Friseurin

In ihrem Friseurstudio trifft Caroline viele Frauen, die sich nicht wohl in ihrer Haut fühlen und nach Veränderung suchen. Oft ist der neue Haarschnitt oder die neue Haarfarbe der erste Schritt dazu. Sobald Caroline ihre Kunden berührt, bekommt sie mediale Bilder aus deren Leben. Sie ist bekannt für ihr geduldiges Zuhören, aber auch für die Engelbotschaften, die während eines Termins oft spontan für ihre Kunden durchkommen.

Für ihre Kundin Ute war es der wichtigste Haarschnitt ihres Lebens. Sie saß ein wenig traurig auf dem Friseurstuhl und wünschte sich einen neuen Frühlingsschnitt. »Was Sie sich wirklich wünschen ist ein neuer Partner, stimmt's?«, sagte Caroline zu ihrer verdutzten Kundin, der sofort die Tränen kamen. »Ja, mir reicht es, immer noch Single zu sein. Ich bin schon 35 und möchte so gern eine Familie haben!«

Nachdem Caroline sie beruhigen und mit einer Kopfmassage entspannen konnte, fragte sie: »Was machen Sie eigentlich am liebsten?«

»Kuchen backen«, sagte die Kundin ganz spontan. »Ich mache viele Kuchen und Torten, sogar Hochzeitstorten. Ich weiß genau, wie meine aussehen würde, wenn ich bloß einen Mann hätte.«

Caroline hatte plötzlich einen Geistesblitz, eine Eingebung mit einer Vision. Sie sah ihre Kundin Hand in Hand mit Günther spazieren gehen. »Kennen Sie einen Mann, der Günther heißt?«, fragte Caroline.

»Nein, kenne ich nicht«, sagte die Kundin. »Warum fragen Sie?«

Günther war auch ein Kunde von Caroline. Er war der Besitzer eines Cafés zwei Straßen vom Friseursalon entfernt. »Es hört sich vielleicht komisch an, aber ich kenne einen sehr netten Mann, der Günther heißt. Ich empfehle Ihnen, im Anschluss an unseren Termin im *Café Barolo* einen Kaffee zu trinken. Wissen Sie, wo das ist?«

»Ja, das kenne ich gut, meine beste Freundin arbeitet seit Anfang dieses Monats dort. Ich wollte sie sowieso mal da besuchen.«

Die Kundin wunderte sich noch ein bisschen, vor allem darüber, dass sie plötzlich so gute Laune hatte.

Etwa vier Wochen später kam Günther zum Haarschnitt. »Na, du strahlst ja so«, sagte Caroline.

Er grinste und antwortete: »Ich bin frisch verliebt!«

»Hat deine neue Freundin schulterlange Haare mit blonden Strähnen und eine Brille mit lila Rand?«, fragte Caroline.

Günther wusste, dass sie mit Engeln kommunizieren konnte, doch das war ihm irgendwie unheimlich. »Haben dir das deine Engel erzählt?«, fragte er erstaunt.

»Nein«, lachte Caroline, »aber sie haben sie in dein Café geschickt. Sie ist eine neue Kundin von mir.«

»Darauf gebe ich einen Sekt aus«, sagte Günther spontan und freute sich.

Inzwischen arbeitet Ute mit ihm in seinem Café, das für seine tollen Kuchen und Torten so bekannt geworden ist, dass die Leute am Sonntag dort Schlange stehen. Günther und Ute heirateten ein Jahr später.

Medialität und Sexualität

Feinfühligkeit, mediale Sensitivität und deutlich gesteigerte Wahrnehmungsfähigkeit wirken sich natürlich auch auf die Sexualität aus. Wenn sich beide Partner auf die feinstofflichen höheren Ebenen einschwingen können, sind die sexuellen Höhepunkte kosmische Erlebnisse, die im ganzen Energiekörpersystem und auf der Seelenebene intensiv erlebt werden. Diese wundervolle Art des energetischen Austausches ist mit sexuellen Aktivitäten, die nur auf der körperlichen Ebene stattfinden, nicht zu vergleichen. Wenn man die Analogie zur Musik nimmt, ist der Unterschied ungefähr so, als würde man ein ganzes Sinfonieorchester mit allen Instrumenten gleichzeitig wahrnehmen beziehungsweise das Quietschgeräusch einer alten Tür als Musik bezeichnen.

Wenn diese Form der Sexualität gelebt wird, steigert sie zusätzlich die mediale Wahrnehmungsfähigkeit. Die medialen Kanäle werden durch einen Orgasmus, durch das Erlebnis der Verschmelzung und der liebevollen Einheit mit dem Partner auf der höchsten Bewusstseinsebene weiter geöffnet. Die Einheit mit allem, was ist, mit dem Kosmos und all seinen Bewohnern wird bewusst erfahren und ist keine Theorie mehr. Bei dieser Form der medialen Sexualität gibt es auch keine Kommunikationsprobleme mehr, weil beide Partner eins geworden sind und die Bedürfnisse des anderen kennen, ohne dass sie ausgesprochen werden. Die Kommunikation erfolgt über die mediale Sinnlichkeit. Beispielsweise hört man die Stimme des Partners im eigenen Kopf und weiß intuitiv, was er fühlt und möchte. In diesem erweiterten Bewusstseinszustand werden Hormone ausgeschüttet, die höchstmögliche Glücksgefühle erlebbar machen. Es ist auch möglich, dass man in diesem Zustand eine besonders hellsichtige Wahrnehmung hat. Daher empfiehlt es sich, das Umfeld für die mediale Sexualität sorgfältig auszuwählen und energetisch zu reinigen.

Auch wenn man in diesem Glückszustand die ganze Welt umarmen könnte, empfiehlt es sich, nach so einer sexuellen Erfahrung die medialen Türen wieder zu schließen, bevor man zum Beispiel zum Einkaufsbummel in die Stadt fährt. Es sei denn, man möchte die Energien der anderen Autofahrer in sein Energiefeld aufnehmen und deren Emotionen ungefiltert erleben.

Bei manchen Menschen kann es ein paar Stunden dauern, bis sich die durch die mediale Sexualität weit geöffneten Chakren wieder auf eine annehmbare Größe schließen. Für feinfühlige, mediale Menschen ist es gerade im Anschluss an eine intensive sexuelle Erfahrung wichtig, sich zu erden und zu zentrieren.

Ist Sex für Feinfühlige immer sensationell?

Wenn die Partner eine sehr unterschiedliche Feinfühligkeit und Wahrnehmungsfähigkeit haben, kommt es leider oft zu großen Problemen in der Partnerschaft, besonders wenn sie nicht gelernt haben, ihre Empfindungen und Bedürfnisse zu kommunizieren. Es kann sein, dass der sensitive Partner vollkommen frustriert ist, wenn die andere Person einfach nicht merkt, was er/sie braucht, und sich nicht einfühlen kann. Dann wird die

Sexualität zur Pflichtübung und meistens versucht der sensitive Partner, sich durch Rückzug davor zu schützen.

Für mediale, feinfühlige Menschen ist es wichtig, ihr eigenes Energiefeld zu spüren. Getrennte Schlafzimmer sind empfehlenswert, damit der feinfühlige Partner nicht von Schlafgeräuschen, nächtlichen Toilettengängen und anderen Störungen aus dem Tiefschlaf gerissen wird. Das Nervenkostüm medialer Menschen ist supersensibel und kann verletzt werden, wenn der Mensch plötzlich aus dem Schlaf gerissen wird. Ein großer Teil der Seelenenergie verlässt den Körper, wenn wir schlafen, und ist im Kosmos unterwegs. Wenn die Seelenenergie schlagartig in den Körper zurückschnellen muss, weil der Partner den Schlaf gestört hat, kann dies auf mehreren Ebenen Schaden anrichten. Auf der körperlichen Ebene zeigt sich dies beispielsweise in einem gestörten Immunsystem, Kopfschmerzen, Angstzuständen etc. Wer seinen feinfühligen Partner liebt, nimmt daher am besten Rücksicht auf seine Sensibilität und lässt ihn so schlafen, wie er es braucht. Durch guten Schlaf kann sich das Körpersystem regenerieren, was die Lust auf Sex natürlich steigert.

Nicht immer ist es für weniger mediale Menschen einfach nachzuempfinden, was in ihrem feinfühligen Partner vorgeht. Man kann auch nicht alles erklären. Wichtig ist, liebevoll und respektvoll zu kommunizieren, was die Partner empfinden und welche Bedürfnisse sie haben. Natürlich können sich diese im Laufe einer Partnerschaft auch verändern.

Was ist noch normal?

Viele Jahre lang habe ich mit Klienten gearbeitet, die alle Formen von Sexualität lebten, die man sich vorstellen kann. Eine Norm gibt es hier nicht. Die sexuelle Kreativität der Menschen scheint unbegrenzt.

Probleme gab es immer dann, wenn die sexuelle Energie unterdrückt wurde und nicht den eigenen Bedürfnissen entsprechend gelebt werden konnte. Selbstverurteilung, Schuldgefühle und Ängste vor Bestrafung spielten immer eine Rolle. Mediale Menschen sind nun einmal sinnliche Menschen. Sie haben häufig ein starkes Bedürfnis, ihre Sexualität zu leben, und leiden, wenn sie dies aus welchen Gründen auch immer nicht können.

Aufgrund der verstärkten Wahrnehmungsfähigkeit sensitiver Menschen ist es auch wahrscheinlich, dass sie stärker auf sexuelle Energien reagieren. Einigen meiner männlichen Klienten war es kaum möglich, den sexuellen Radarschirm abzustellen. Sie spürten sofort, wenn ein weibliches Wesen in ihre Nähe kam, und mussten lernen, mit ihrem Empfang weiblicher Reize angemessen umzugehen. Es ist trotz gesteigerter Wahrnehmungsfähigkeit durchaus möglich, nicht auf die Reize im Umfeld zu reagieren und seinem Partner treu zu bleiben. Sollte jemand dummerweise versuchen, seinen medialen, feinfühligen Partner heimlich zu betrügen, so wird dies nicht gut enden.

Matthias

Eigentlich war Matthias ganz glücklich mit seiner Heike, mit der er vor knapp einem halben Jahr zusammengezogen war. Seine hellsichtige Partnerin war liebevoll und treu. Außerdem konnte sie gut kochen, was Matthias nicht von sich behaupten konnte.

Matthias hatte ein unangenehmes »Hobby«. Immer wieder meldete er sich über das Internet bei den Single-Damen, die dringend auf einen Partner hofften. Irgendeinen Mann wünschten sie sich, der ihnen Streicheleinheiten gab. Matthias fühlte sich als Held in dieser Rolle und beglückte im Rahmen seiner Außendiensttätigkeit diverse Damen bei einem persönlichen Besuch.

Heike wusste von seinem »Hobby«, weil er auf diese Weise schon seine Ehefrau betrogen hatte. Mit ihr war dies auch mehr oder weniger leicht möglich gewesen. Doch mit der Medialität und Feinfühligkeit von Heike hatte Matthias nicht gerechnet. Sie spürte genau, wenn Matthias im Internet auf Suche war. Sie wusste genau, wann er mit dem Handy bei einer anderen Frau anrief. Sie spürte auch sofort, wenn er fremdging.

Er versuchte sich oft mit Lügen aus der Affäre zu ziehen, was ihm nicht gelang. Er schwor, Heike treu zu bleiben, sprach von ewiger Liebe und winselte um Vergebung. Heike fiel zunächst auch drauf herein, weil sie hoffte, er würde sich »bessern«. Sie war verletzt und traurig, gab ihm aber trotz ihres Herzschmerzes noch eine Chance. Es ging zwei Monate gut und sie feierten Weihnachten zusammen.

Anfang des Jahres zweifelte sie an ihren medialen Fähigkeiten und dachte, sie bilde sich alles nur ein. Doch ihre inneren Alarmglocken klingelten viel lauter in ihren Ohren als seine Liebeserklärungen und Treueschwüre. Matthias war unterwegs in

Norddeutschland. Heike wachte nachts auf und empfing die medialen Bilder, wie er mit einer anderen Frau Sex hatte. Er kam erst nach zwei Tagen wieder zurück. Vor der Haustür standen seine gepackten Koffer, die Schlösser waren ausgetauscht. Die Beziehung war für Heike nun endgültig zu Ende. Und die Moral von der Geschicht': Betrüge deinen medialen Partner nicht!

Es gibt unglaublich viele Singles, die händeringend einen Partner suchen. Ihnen empfehle ich, ihre Bedürfnisse in Form von klaren Signalen auszusenden und sich nicht zu verstellen, um einer vermeintlichen Norm gerecht zu werden. Ich empfehle ihnen auch, sich nicht einfach irgendeinen Partner zu wünschen, sondern jemanden, der ihrer eigenen Seelenfrequenz entspricht und eine liebvolle Beziehung führen kann.

Viele mediale Menschen sind homosexuell. Es ist für sie ein großer Schritt, sich zu outen, denn es gibt leider immer noch genug Dogmen und Vorbehalte. Wer definiert eigentlich, was »Anderssein« bedeutet oder was normal ist? Jeder Mensch hat weibliche und männliche Energien in seinem Körpersystem. Das Mischungsverhältnis ist allerdings bei jedem Menschen unterschiedlich.

Eine ganz normale Familie?

In meine Praxis kommen »ganz normale« Menschen. Einige sind prominent, angesehen und stehen in der Öffentlichkeit. Andere kommen aus ganz einfachen Verhältnissen. Manchmal ist es ihre Bestimmung, sich zu begegnen. Meine Arbeit unterliegt in jedem Fall der Schweigepflicht. Die Privatsphäre der Klienten bleibt also immer geschützt. Daher sind auch in der folgenden Geschichte die Namen geändert. Alles andere beruht, wie in allen meinen Büchern, auf wahren Begebenheiten.

Daniela besuchte eines meiner Seminare und mehrere Einzelbehandlungen. Sie hatte fünf Kinder und war mit einem bekannten Arzt verheiratet. Als Heilpraktikerin arbeitete sie mit ihrem Mann in einer Gemeinschaftspraxis. Alles sah nach einer ganz normalen Familie aus, die es im Leben zu etwas gebracht hatte.

Doch Daniela war unglücklich in ihrer Ehe. Sie fühlte sich ungeliebt, weil ihr Mann sie sexuell einfach nicht mehr begehrte. Sie ist sehr feinfühlig und medial, kann mit Engeln kommunizieren und vielen Menschen helfen. Nur ihr konnte keiner helfen. Was sie auch versuchte, ihr Mann zeigte kein Interesse an ihr. Während der Behandlung schaute ich mir die Energiefelder ihrer Familienmitglieder an. Es war deutlich zu sehen, dass ihr Mann sich nicht von Frauen, sondern von Männern angezogen fühlte. Daniela gestand mir unter Tränen, dass sie auch schon den Verdacht gehabt hatte und ihr bekannt war, dass ihr Mann sie mit einem anderen Mann betrogen hatte. Sie hielt es für einen »Ausrutscher« und wollte unbedingt ihre Ehe retten. Auf keinen Fall durfte das in ihrer Kleinstadt bekannt werden.

Auch ihr Mann hatte einen Termin bei mir. Er litt genauso wie seine Ehefrau, denn seit frühester Jugend hatte er seine Homosexualität unterdrückt. Er sollte wie sein Vater ein bekannter Arzt werden und alle in ihn gesetzten Erwartungen erfüllen. Er hatte sie alle erfüllt, inklusive einer Praxis, eines Hauses und der Kinder, die er sehr liebte.

Es war für ihn sehr befreiend, die auf ihm lastenden Energien der Schuldgefühle aufzulösen. Er fühlte sich schon nach einer Sitzung absolut erleichtert. Auch seine körperlichen Beschwerden waren verschwunden. Daraufhin meldete er sich zur Ausbildung in Quantum-Engel-Heilung an und war von den Möglichkeiten der Energiemedizin begeistert.

Parallel arbeitete ich mit einer anderen Klientin, einer Stewardess, die meine Arbeit und meine Bücher auf der ganzen Welt weiterempfiehlt. Sie wiederum erzählte einem Freund von meiner Ausbildung. Dieser Freund war in Brasilien in einem Slum geboren worden, unter schlimmsten Bedingungen als Straßenkind aufgewachsen und hatte nur ganz wenig Geld. Liebevoll und großzügig wie sie ist, schenkte sie ihm einen Termin bei mir.

Gemeinsam mit meinem Team aus der geistigen Welt konnte ich ihm helfen, seine schmerzhaften Kindheitserlebnisse zu heilen. Während der Behandlung wurde mir von den Engeln gezeigt, dass er noch viel mehr Heilung brauchte und unbedingt zur Ausbildung in QEH kommen sollte. Wie immer, wenn ich diese Durchsagen meiner Engel bekomme, folge ich meiner geistigen Führung. Ich lud ihn ein, kostenlos an der Ausbildung teilzunehmen, und er freute sich riesig. Er kam mit seiner guten Freundin, der Stewardess. Noch bevor das Seminar anfing, wurde mir von den Engeln gezeigt, dass sich an diesem Wochenende eine große Liebe finden würde.

Der junge Mann aus Brasilien, die Stewardess (Single) und der Arzt verstanden sich sofort. Sie saßen immer gemeinsam am Mittagstisch und verbrachten auch die Abende zusammen. Wie schon erwähnt, sind die männlichen Teilnehmer in meinen Seminaren immer umschwärmt, und der gut aussehende Arzt war ein Topfavorit. Doch der begehrte Arzt verliebte sich in den jungen Brasilianer!

Natürlich war meine Klientin, die Heilpraktikerin, darüber zunächst entsetzt. Sie hatte gehofft, ihr Mann und somit ihre Ehe würden in meinem Seminar endlich geheilt. Inzwischen sind sie geschieden.

Für alle Beteiligten, inklusive der Kinder, hat viel Heilung stattgefunden, wenn auch anders, als zunächst erwartet. Der Arzt ist inzwischen mit dem Brasilianer verheiratet, trotz der Drohung seines Vaters, ihn zu enterben. Meine Klientin Daniela hat innerhalb kürzester Zeit ihren Traummann gefunden, der sie so begehrt, wie sie es verdient hat. Ein intensiver, sehr bewegender Heilprozess fand statt und das Happy End einer »ganz normalen Familie«. Ich bin sehr dankbar, dass ich diesen Menschen begegnen durfte und meiner medialen Führung zum besten Wohle aller gefolgt bin.

Medialität und Schwangerschaft

Das Thema »schwanger oder nicht schwanger« bewegt Millionen von Frauen jeden Monat. Die einen hoffen dringend auf die Erfüllung des lang gehegten Kinderwunsches. Die anderen warten sehnlich auf die nächste Periode, weil sie Angst haben vor einer ungewollten Schwangerschaft. In jedem Fall spüren sie in sich hinein und hoffen, irgendwelche Schwangerschaftszeichen zu erkennen. Bei Übelkeit, Rückenschmerzen, einem Ziehen im Bauch oder im Brustbereich gehen die Alarmglocken an. Feinfühlige Frauen nehmen oft schon bei der Empfängnis genau wahr, dass sie schwanger sind, auch wenn sie noch nie zuvor schwanger waren. Sie wissen es einfach. Der Schwangerschaftstest bestätigt dann lediglich, was sie ohnehin schon wissen.

So war es auch bei Elfie. Sie hatte sich nach ihrem langen Studium sehr auf ihren Beruf konzentriert und in wenigen Jahren als einzige Frau in einem Industriekonzern Karriere gemacht. Das Thema Schwangerschaft war in ihrem männlich dominierten Umfeld tabu. Nur wenn sie sich am Wochenende mit ihren alten Schulfreundinnen traf, wurde sie gelöchert: »Und was ist mit dir? Willst du denn keine Kinder? Du bist doch schon Anfang dreißig, langsam wird es aber Zeit!« Elfie hörte, wie ihre Freundinnen von zahlreichen Versuchen, schwanger zu werden, berichteten. Alle möglichen verwirrenden Tipps und Ratschläge wurden ausgetauscht. Panik machte sich breit, denn angeblich dauerte es Jahre, bis all diese Versuche zum Ziel führten. Die besorgte Elfie ging zu ihrem Frauenarzt und wollte sich ganz genau beraten lassen, wie oft sie nun ihre Temperatur messen müsse, wie sie den Eisprung genau terminieren könne und was es sonst noch zu beachten gab. Sie fragte systematisch nach, was sie denn tun müsse, um schwanger zu werden. Der Arzt sagte nur grinsend: *»Na, Sie wissen schon …«*

Elfie war verwirrt und dachte gar nicht mehr über Schwangerschaft nach. Ein paar Tage später hatte sie lustvollen Sex mit ihrem Mann und fühlte sich plötzlich auf unangenehme Weise dabei beobachtet. *Wer schaut uns denn hier zu?,* dachte sie und sah zu ihrem großen Erstaunen eine Lichtgestalt neben dem Bett stehen. In diesem Moment wusste sie sofort, dass sie schwanger war. Das sagte sie auch ihrem Mann, der sie nur ungläubig anschaute, denn er wünschte sich schon lange ein Kind. Sie waren schon seit mehr als zehn Jahren ein Paar, aber das hatte er von ihr noch nie gehört.

Ungläubig schaute auch der Frauenarzt, als Elfie 14 Tage später wieder da war. »Ich glaube, ich bin schwanger«, sagte sie.

»Na, dann wollen wir mal schauen«, meinte der Arzt ein wenig skeptisch. Er erinnerte sich gut an die naiven Fragen, die sie ihm bei ihrem letzten Besuch gestellt hatte. Die Untersuchung ergab, was Elfie bereits wusste: »Herzlichen Glückwunsch, Sie sind schwanger. Und woher wussten Sie das?«

Bei medialen Frauen ist es auch ganz normal, dass sie schon vor der Empfängnis Kontakt zur Seele ihres ungeborenen Kindes haben. Viele haben das Kind ganz bewusst eingeladen, in ihr Leben zu kommen, und kommunizieren medial mit seiner Seele.

Sybille nahm während ihrer morgendlichen Meditation Kontakt zur Seele ihres Wunschkindes auf. Sie spürte sofort die tiefe Liebe in ihrem Herzen wie einen Lichtstrahl aus Glück und Freude, als sie die Anwesenheit ihres kleinen Jungen spürte. »Wann kommst du denn endlich?«, fragte sie ihn. Sie hörte die Antwort in ihrem Kopf: *Mama, bei dir im Bauch ist es noch so dunkel. Da kann ich nicht kommen.* Sybille wurde bewusst, dass sich durch eine Fehlgeburt ganz viele Ängste in ihrem Bauch angesammelt hatten, die erst transformiert werden mussten, bevor sie die Seele dieses Lichtkindes empfangen konnte. Sie bat die Engel, ihren Bauch von den Angstenergien zu reinigen, und wurde schon einen Monat später schwanger. Sybille liebte die Schwangerschaft und kommunizierte regelmäßig mit ihrem »Bauch«. Eines Tages fragte sie ihr Kind kurz vor dem Einschlafen: »Wie heißt du denn eigentlich?« Sofort hörte sie eine helle, klare Stimme, die sagte: *Alex.* Damit konnte Sybille zunächst nicht viel anfangen, denn sie kannte bisher noch niemanden, der so hieß. Alex wurde kurz vor Weihnachten im Sternzeichen Schütze geboren. Sein Name bedeutet »der Schützende«.

Die Seele des ungeborenen Kindes besucht in Begleitung seiner Engel seine spätere Familie. Das ist vergleichbar mit einem Kennenlernen oder Probewohnen. Wenn es in dieser Familie schon Kinder gibt, sind es oft die feinfühligen Kinder, die ihre ungeborenen Geschwister als geistige Besucher wahrnehmen und auch schon mit ihnen spielen. So war es auch bei Alex. Als er drei Jahre alt war, zeigte er immer mit dem Finger auf jemanden, der offenbar im Raum aber für seinen Vater unsichtbar war. »Da, Mädchen«, sagte er strahlend und zeigte mit dem Finger auf seine spätere kleine Schwester. Erst als sein Vater Sybille von dem merkwürdigen Verhalten seines Sohnes erzählte, gab sie zu, dass sie mit dem kleinen Mädchen schon länger in Kontakt war. »Diese Seele möchte zu uns kommen«, sagte sie. Ihr Mann, der sich oft Sorgen darüber machte, ob er sich eine größere Familie überhaupt leisten konnte, war zwar nicht hellsichtig, spürte aber die große Liebe in seiner Familie und vertraute Sybille und Alex. Die kleine Klara kam im Sommer des nächsten Jahres zur Welt, kurz nachdem ihr Opa gestorben war, der Sybille ein Haus vererbt hatte. Alex ist der Beschützer seiner kleinen Schwester und geht sehr liebevoll mit ihr um.

Viele Frauen, die sich seit Jahren Kinder wünschen, fühlen sich unter Druck und befürchten, dass ihre biologische Uhr abläuft. Der zunehmende innere und äußere Druck sowie die Angst, als Frau zu versagen, kreieren zusätzliche energetische Blockaden. Manche warten auf den richtigen Zeitpunkt und planen eine Schwangerschaft in ihre Karriere ein. Es gibt jedoch keinen richtigen oder falschen Zeitpunkt für eine Schwangerschaft. Man kann die Seele weder zwingen, in einen Körper zu inkarnieren noch dort zu bleiben. Es gibt einen göttlichen Seelenplan, nach dem ein Kind genau die Erfahrungen macht, die für seine Entwicklung auf der Seelenebene wichtig sind. Wenn die Herzen aller beteiligten Seelen voller Liebe sind, werden die Kinder sehr gern und auch bald kommen.

Ich habe QE-Heiler und CRC-Coaches ausgebildet, die sich auf Kinder, Schwangerschaft und erfüllten Kinderwunsch spezialisiert haben. Viele Familien konnten sich dank ihrer Hilfe auf natürliche und energetische Weise ihren Herzenswunsch erfüllen.

Feinfühlige, sensible Frauen spüren die hormonellen Veränderungen im Körper besonders stark. Sie legen manchmal Verhaltensweisen an den Tag, die ihren Familienmitgliedern ungewöhnlich erscheinen. Das schließt Gelüste nach bestimmten

Nahrungsmitteln ein, aber auch spontane Bedürfnisse, etwa im Mondschein spazieren zu gehen, im Wald zu schlafen etc. Diese Frauen sind nicht plötzlich verrückt geworden, sondern spüren die Bedürfnisse des ungeborenen Kindes, das sich deutlich bemerkbar macht. Gerade in der Schwangerschaft ist es besonders wichtig, auf die »innere Stimme« zu hören. Damit ist die eigene Intuition gemeint, aber auch die innere Stimme des Kindes, das im Bauch heranwächst. Auch der Vater hat natürlich die Möglichkeit, medialen Kontakt mit dem ungeborenen Kind aufzunehmen und in jedem Stadium der Schwangerschaft eine liebevolle Beziehung aufzubauen. Er sollte jetzt besonders verständnisvoll und sensibel mit seiner Partnerin umgehen, selbst wenn er vielleicht nicht alles versteht oder nachvollziehen kann, was sie tut. Hier gilt die goldene Regel: *Schwangere Frauen haben immer recht!*

Wenn Schwangere nicht auf ihre »innere Stimme« hören und beispielsweise aus Gewohnheit Nahrungsmittel essen, die für ihr Kind unverträglich sind, kann das Ungeborene dafür sorgen, dass der Mutter schlecht wird, indem es bestimmte Botenstoffe in ihren Blutkreislauf abgibt, die Übelkeit auslösen können. Daher empfiehlt es sich, das Kind schon beim Einkaufen zu fragen, was es braucht, um sich optimal zu entwickeln. Es wird deutlich antworten.

Ungewollte Schwangerschaft, Abtreibung, Fehlgeburt

In manchen ausweglos erscheinenden Lebenssituationen haben sich Eltern für eine Abtreibung entschieden. In den meisten Fällen waren sie überfordert und verzweifelt, manchmal war die Situation sogar lebensbedrohlich.

Feinfühlige, mediale Eltern haben oft ein Leben lang Kontakt zur Seele ihres ungeborenen Kindes. Für sie ist es hilfreich und tröstlich zu wissen, dass die Seele nie sterben kann. Bitte urteile auf keinen Fall darüber und verurteile dich auch nicht selbst, wenn du eine solche Entscheidung getroffen hast. Es übersteigt das menschliche Bewusstsein, den göttlichen Plan zu verstehen, besonders wenn man nicht an ein Leben nach dem Tod glaubt. Manche Seelen wollen die Erfahrung machen, nur für kurze Zeit im Körper der Mutter zu sein. Es gibt immer eine Absprache auf der Seelenebene, auch wenn die meisten Menschen keine bewusste Erinnerung daran haben.

Wer den Weg des Schwangerschaftsabbruchs gewählt hat oder eine Fehlgeburt hatte, quält sich häufig mit Selbstvorwürfen. Aufgrund der Erfahrungen, die ich in der Kommunikation mit Kinderseelen gemacht habe, kann ich nur berichten, dass das Band der Liebe immer bestehen bleibt.

Sabrina

Sabrina litt an Übergewicht, Schlafstörungen, Knieschmerzen und mehreren Bandscheibenvorfällen. Die emotionale Last aus der Vergangenheit war ihr deutlich anzusehen. Als sie in meine Praxis kam, sah ich, dass sie nicht allein war, sondern in Begleitung zweier Kinder, einem Mädchen und einem Junge. Wir sprachen zunächst über ihre körperlichen Beschwerden. Sie lebte allein und kam kaum noch die Treppe zu ihrer Wohnungstür hoch. Meine geistigen Helfer kamen wie immer schnell auf den Punkt. Ich wurde inspiriert zu sagen: »Erzähl mir von deinen Kindern.«

Sabrina reagierte sofort mit Bluthochdruck und sagte mit gerötetem Kopf: »Ich habe keine Kinder.«

Es braucht schon Erfahrung und Einfühlungsvermögen, um mit Klienten wie Sabrina über die schmerzhaftesten Erfahrungen ihres Lebens zu sprechen. Als sie 15 Jahre alt war, hatte ihr eigener Vater sie vergewaltigt und sie war schwanger geworden. Sie war von ihren Eltern zu einer Abtreibung gezwungen worden, hatte kurz danach ihr Elternhaus verlassen und war nie mehr zurückgekehrt. Das Kind war ein Junge. Ich konnte seine Seele sehen. Als Sabrina 27 Jahre alt war, lernte sie einen sehr netten Mann kennen und heiratete ihn. Kurze Zeit später wurde sie schwanger, hatte aber im dritten Schwangerschaftsmonat eine Fehlgeburt. Sie glaubte, dies sei eine Strafe Gottes, und hielt ihren Schmerz nur noch aus, indem sie rund um die Uhr Süßigkeiten aß. Ihr Bauch wurde immer dicker. Sie sah schwanger aus, war es aber nicht. Wo immer sie auftauchte, glaubten die Leute, sie sei schwanger. »Nein, ich bin einfach nur dick«, war Sabrinas verletzte Reaktion auf entsprechende Fragen. Sie quälte sich mit Selbstvorwürfen, ihr Selbstwertgefühl war so gut wie nicht vorhanden, Rückenschmerzen kamen hinzu. Sie fühlte sich absolut nicht liebenswert und wies auch ihren Mann zurück, obwohl er sie trotz allem noch sehr liebte.

Ihre Ehe stand kurz vor dem Aus, als Sabrina in meine Praxis kam. Es war wichtig, die Last der Schuld von ihr zu nehmen. Ich nahm medial Kontakt zu ihren Kindern auf, die bei jedem von Sabrinas Urlauben dabei gewesen waren und mir detailliert berichteten, wie die Hotels ausgesehen hatten. Als ich Sabrina davon erzählte und ihr die Botschaft übermittelte, ihre Kinder wünschten sich so sehr, dass ihre Mama mit der Selbstbestrafung aufhöre, damit sie heil werden könne, erkannte sie, dass ihre Kinder sie bedingungslos liebten.

Unterstützt von den Engeln und lichtvollen Helfern auf der anderen Seite löste sich Sabrina von ihren Schuldgefühlen. Sie konnte sich verzeihen und langsam anfangen, sich selbst zu lieben. Die Beziehung zu ihrem verständnisvollen Mann, der als Erdenengel an ihrer Seite war, entwickelte sich harmonisch. Nach einem Jahr hatte Sabrina deutlich an Gewicht verloren und die körperlichen Beschwerden waren geheilt.

Medialität und hochsensible Kinder

In der westlichen Welt werden das zarte Nervenkostüm und die offenen Herzen von hochsensiblen Kindern von einer riesigen Welle an Reizen überflutet, die von Computern, Handys, gestressten Eltern, Fast Food und Fehldiagnosen ausgeht. Die Eltern sind ratlos, besonders wenn ihre Kinder schon in der Grundschule Schwierigkeiten haben. Ärzte und Psychologen werden aufgesucht, weil mit den Kindern etwas nicht zu stimmen scheint. Sie funktionieren schlecht, erfüllen die Erwartungen des Systems nicht. Immer öfter wird die Diagnose ADS oder ADHS (Aufmerksamkeitsdefizit- und Hyperaktivitätssyndrom) gestellt. Der Leidensdruck von Kindern und Eltern ist unbeschreiblich, besonders dann, wenn den Kindern Psychopharmaka verordnet werden, sie Schulverweise bekommen oder gar in die Psychiatrie eingewiesen werden.

Nachweislich werden viele dieser Fehldiagnosen von Kinder- und Allgemeinärzten erstellt, die nicht über die nötige Kompetenz zur richtigen Einschätzung des Krankheitsbildes ADHS verfügen. Rüdiger Stier, der Chefarzt der Helios-Klinik für Kinder und Jugendpsychiatrie und Psychotherapie in Berlin-Buch, sagt: »Bei bis zu einem Drittel der Fälle, in denen Kinder mit der Diagnose ADHS vom Kinderarzt zu uns kommen, halten die

Diagnosen der Überprüfung nicht stand. Ein Problem besteht schon, aber es ist eben nicht ADHS.«*

Bedauerlicherweise gibt es viele Probleme durch Überforderung bei Kindern und Jugendlichen, doch wie mir meine geistigen Helfer immer wieder versichern, ist mit den Kindern alles in Ordnung. In einem anderen Umfeld und unter kindgerechten Bedingungen könnten sich besonders feinfühlige, medial begabte Kinder wunderbar entwickeln. Über 50 Prozent der Kinder haben schmerzhafte familiäre Erfahrungen gemacht oder Enttäuschungen erlebt, etwa durch Scheidungen. Als Eltern, Großeltern, Paten, Lehrer und Erzieher haben wir die Pflicht, die Kinder zu schützen und sie so zu lieben, wie sie sind. Streit, Beschuldigungen, Anschreien, Ungerechtigkeit, Beleidigungen und Respektlosigkeiten treffen Lichtkinder oft direkt ins Herz. Sie können diese Umgangsformen nicht nachvollziehen und verstehen auch nicht, warum ihre Eltern sich so benehmen. Sie leiden darunter und fühlen sich dem oft hilflos ausgeliefert.

Das heutige Schulsystem mit seinen übersteigerten Leistungsanforderungen bietet keine Alternativen für hochsensible, mediale Kinder. Bei den Recherchen zu meinem Buch *Quantum-Engel-Kinder* habe ich viele Interviews mit medialen Kindern geführt, die ich Lichtkinder nenne. Diese Kinder können sich im Unterricht vor allem dann nicht konzentrieren, wenn sie Fremdenergien wahrnehmen, etwa den Stress des Lehrers und der anderen Kinder. Sie fühlen sich dann, als würden sie in einer dunklen, stinkenden Suppe sitzen, und suchen nach einem Ausweg. Entweder beginnen sie zu träumen und schauen aus dem

---

* »Die Fehldiagnose ›ADHS‹ und ihre fatalen Folgen.« In: *Die Welt* vom 14. Januar 2014; online unter http://www.welt.de/dieweltbewegen/sonderveroeffentlichungen/article123823722/Die-Fehldiagnose-ADHS-und-ihre-fatalen-Folgen.html

Fenster oder sie werden aggressiv. Sie fühlen sich nicht wohl in ihrer Haut und haben hohen Leistungsdruck.

In ihrer Freizeit sind Kinder durch Computerspiele und das Fernsehen einer Flut von Informationen ausgesetzt. Dadurch erhöht sich ihr Dopaminspiegel. Wenn sie sich in der Schule langweilen, sinkt der Dopaminspiegel stark ab und sie können nicht mehr ruhig sitzen. Sie wollen sich unterhalten und stören den Unterricht. Wenn sie zusätzlich noch auf einer geopathischen Störzone sitzen, der Lärmpegel unerträglich hoch ist und Neonleuchten flackern, werden sie nervös, sind gestresst und frustriert.

Der Konsum von zuckerhaltigen Pausengetränken und Snacks steigert zudem das Aggressivitätspotenzial. Leider kommt heutzutage auch Mobbing an allen Schulen vor. Kinder werden von ihren Mitschülern in den Pausen oder auf dem Schulweg geschubst, erpresst und sogar misshandelt. Gerade sensible Kinder fühlen sich nicht sicher, haben Ängste, Panikattacken und psychische Störungen. Die in solchen Fällen nicht selten verordneten Psychopharmaka und anderen Medikamente sind keine Lösung, denn ihre schweren Nebenwirkungen machen die Kinder kaputt.

Wie kann man den Kindern helfen?

Kinder liegen mir besonders am Herzen. Als ich im Jahr 2007 mein Buch *Quantum Engel Kinder* schrieb, wurde ich von der geistigen Welt beauftragt, ein Forum für Lichtkinder zu gründen. Ich bin somit auch Medium zwischen der Welt der Kinder mit ihren Bedürfnissen und ihrem Umfeld mit seinen Anforderungen.

Immer wieder sah ich in meinen Visionen die Buchstaben LKK vor meinem geistigen Auge, bis ich die Botschaft ganz verstanden hatte. Die Abkürzung LKK hatte mehrere Bedeutungen. Ich sollte Lichtkinderkonferenzen für Lichtkinder aller Altersgruppen (inklusive Erwachsene) ins Leben rufen. Es gab viel für mich zu tun. Ich bildete zunächst QE-Heiler und QEK-Lehrer aus und gründete dann den Lichtkinderverein-LKK e.V. Dann organisierte ich große Lichtkinderkonferenzen, die dank ehrenamtlicher Helfer und Referenten 2010 und 2012 stattfinden konnten. Der Erlös der Lichtkinderkonferenzen kam zu hundert Prozent den Lichtkindern zugute. Viele Projekte zum Wohl der Kinder und zur Förderung ihres Engagements für die Erde konnten verwirklicht werden (etwa www.plant-for-the-planet.org). Wer möchte, kann sich zum Wohl der Kinder ehrenamtlich in der Vereinsarbeit engagieren. Es gibt mittlerweile Lichtkinderkreise in vielen Städten sowie zahlreiche Online-Angebote für Kinder. Noch ist der Verein winzig klein, doch die Herzenskraft der Mitglieder ist rein – und der Bedarf an Hilfe für die Kinder ist riesengroß.

Ich habe auch Erzieher und Lehrer in Medialität ausgebildet, damit sie im Kindergarten und in der Schule besser auf die Bedürfnisse der sensitiven Kinder eingehen können. Man kann diesen Kindern allein schon dadurch helfen, dass man ihr Selbstbewusstsein und ihr Selbstwertgefühl stärkt. Ihre Unsicherheit ist oft größer, als sich die Erwachsenen vorstellen können. Sie haben noch keine harte Schale entwickelt und fühlen sich oft schwächer als die weniger sensiblen Kinder. Was sie medial wahrnehmen, verwirrt sie selbst, etwa wenn sie um ihren Lehrer oder die Mitschüler herum deren Aura als Farben sehen. Auch sind sie emotional sehr offen und wollen der ganzen Welt helfen, können unter dieser Last aber auch zusammenbrechen.

Die Absolventen meiner Ausbildungen verstehen, was die Kinder sensitiv und medial wahrnehmen, und ermutigen sie auch, darüber zu sprechen.

Lisa

Als das Tagesthema im Kindergarten »Freunde« war, erzählte die dreijährige Lisa von der kleinen Nymphe, mit der sie befreundet ist. Einige der anderen Kinder glaubten ihr nicht. »Du lügst doch«, rief ein Kind und schon gab es Streit. Karin, die QEH-Kindergärtnerin, reagierte schnell und nahm Lisa zur Seite. »Erzähl mir von deiner kleinen Freundin«, sagte sie. Lisa war zunächst erstaunt, denn keiner glaubte ihr, schon gar nicht die Erwachsenen. Zaghaft erzählte sie von dem kleinen Bach in der Nähe ihres Elternhauses, an dessen Ufer sie nachmittags immer spielte. »Sie kommt immer allein und singt für mich«, sagte Lisa. »Sie hat einen kleinen Rock an mit blauem Glitter - und sie kann fliegen.« Karin hörte gespannt zu und lernte sehr viel über die Nymphe, die im Wasser wohnt. »Wenn der Fuchs kommt, dann taucht die Nymphe, weil der gefährlich ist«, sagte die Kleine mit einem Leuchten in den Augen. Die Nymphe war ganz wichtig für Lisa und es tat ihr sehr gut, sich der liebevollen Kindergärtnerin mitteilen zu können.

Die Absolventen meiner Ausbildung beziehen die geistige Welt ganz selbstverständlich in die Vorbereitung auf den Tag im Kindergarten oder in der Schule ein. Dies kann mit zwei Gebeten geschehen, die ich medial empfangen und auch schon in meinem Buch *Quantum Engel Kinder* (München 2008, Seite 253 und 261) veröffentlicht habe. Mit dem ersten bitten Lehrer/Erzieher um Unterstützung. Das zweite können die Kinder selbst sprechen.

Gebet um Unterstützung für Lehrer
Gott, ich bitte dich, mir heute die Engel der Harmonie und der Klarheit in meinen Unterricht zu senden. Bitte hilf mir, sodass die Kinder leicht und freudig dem Unterricht folgen, wir uns in der Klasse wohlfühlen und alle voneinander lernen können. Danke. Amen.

Gebet um Schutz für die Kinder
Lieber Gott, sende mir bitte ganz viele Engel, die mich auf meinem Schulweg und in der Schule begleiten. Bitte schick mir auch Erzengel Michael. Er soll mein persönlicher Leibwächter sein. Danke. Amen.

Der Tag beginnt zur Unterstützung der Kinder mit der energetischen Reinigung. Dafür gibt es verschiedene Methoden, die ich bereits vorgestellt habe (siehe beispielsweise die Übungen 1, 2 und 4 in diesem Buch). Gut bewährt hat sich auch die folgende Übung mit Erzengel Michael und Raphael, die im Kindergarten, im Klassenzimmer oder auch vorab aus der Ferne durchgeführt werden kann.

Übung 22

Der grünblaue Herzensstrahl

Diese Übung eignet sich zur Unterstützung von Kindern, wo immer sie sind: in der Gruppe, in der Schule, im Kindergarten, im Waisenhaus, im Jugendgefängnis, im Krankenhaus, in einem Hospiz und zu Hause. Man kann die Energien dieser Übung bewusst adressieren und versenden oder einfach die Intention haben, die Unterstützung dorthin zu senden, wo sie am meisten gebraucht wird. Diese Übung kann täglich gemacht werden, sooft man möchte.

- Versetze dich in einen entspannten Zustand, indem du tief und ruhig atmest, bis du das Licht in deinem Herzen deutlich spürst. Konzentriere dich auf das Licht. Es ist das Licht deiner Seele, die liebevolle Gottesenergie, die aus deinem Herzen strahlt.
- Lade jetzt Erzengel Michael an deine Seite ein und nimm wahr, wie blaues Licht aus seinem Herzen strahlt.
- Lade nun Erzengel Raphael an deine andere Seite ein und nimm wahr, wie grünes Licht aus seinem Herzen strahlt.
- Sende nun bewusst einen weißgoldenen Lichtstrahl aus deinem Herzen zu den Kindern deiner Wahl.
- Sieh jetzt, wie sich dein Lichtstrahl mit den Lichtstrahlen der Erzengel verbindet.
- Die Lichtstrahlen tanzen umeinander wie Bänder, die geflochten werden.
- Die drei Strahlen bündeln sich jetzt zu einem grünblauen Herzensstrahl und erreichen die Kinder.
- Der Strahl von Erzengel Michael bewirkt Reinigung, Stärkung und Schutz.
- Der Strahl von Erzengel Raphael bewirkt Transformation und Heilung.
- Der Lichtstrahl aus deinem Herzen bewirkt Harmonie und Liebe.
- Nimm wahr, was bei den Kindern geschieht, und spüre, wie gut es ihnen tut.
- Zum Abschluss siehst du die Kinder in ihrer heutigen Lieblingsfarbe.
- Du erkennst, mit welcher Schwingungsfrequenz, mit welcher Farbe sie am meisten in Einklang gegangen sind. So weißt du, was für sie heute besonders wichtig ist.

Anna

Die hellsichtige Anna kam etwas zu spät in die Schule. Sie erzählte ihrer Lehrerin ganz aufgeregt, was sie auf dem Schulweg erlebt hatte: »Ich habe an der Fußgängerampel gestanden und wollte die Straße überqueren. An der roten Ampel habe ich gewartet, bis es grün war. Gerade als ich losgehen wollte, haben plötzlich noch ein blaues und ein weißgoldenes Licht geblinkt. Vor meinen Augen hat es ganz komisch geflimmert. Immer abwechselnd: grün, blau, gold, blau, grün, weiß, grün, blau, weißgold etc. Ich konnte mich auf einmal nicht mehr bewegen und bin deshalb stehen geblieben. Meine Füße waren wie angewachsen. Plötzlich ist ein Radfahrer auf dem Zebrastreifen entlanggerast und an mir vorbeigeschossen. Wie durch ein Wunder bin ich nicht mit ihm zusammengeprallt. Ich hatte ganz viel Glück.«

Die Lehrerin lächelte nur und sagte: »Ich glaube, die Engel haben dich beschützt.«

Medialität und Sterbebegleitung

Hilflos an der Seite eines geliebten Angehörigen zu stehen und genau zu wissen, dass er sterben wird, gehört wohl zum Traurigsten, was ein Mensch erleben kann. Schlimmer noch ist, wenn der geliebte Mensch plötzlich und unerwartet aus dem Leben gerissen wird, ohne dass man Abschied von ihm nehmen kann. Was immer man über das Leben nach dem Tod gehört haben mag, es tröstet in solchen Situationen wenig. Der Schmerz des Verlustes ist überwältigend.

Mediale Menschen haben mir oft geschildert, wie sie am Sterbebett eines Familienmitglieds gewacht haben. Ihre Eindrücke sind unterschiedlich, haben aber auch etwas gemeinsam. In den meisten Fällen nehmen hellsichtige Menschen wahr, wie Engel und lichtvolle Wesen in den Raum kommen. Zudem sind die Seelen eines oder mehrerer Familienmitglieder anwesend, die schon auf der anderen Seite sind. Sie holen den Menschen ab, dessen irdische Zeit zu Ende geht. Sie weisen ihm den Weg und nehmen ihm die Angst. Es ist eine Gnade, angstfrei und in Frieden einschlafen zu dürfen.

In der Sterbebegleitung ist es hilfreich, Erzengel Azrael einzuladen. Dieser Engel hat die Aufgabe, Menschen zu unterstützen, die im Sterben liegen und auch den Angehörigen Trost zu spenden. Ich nenne ihn den *Trauerengel.* Manchmal ist der Übergang auf die andere Seite mit Leid und Schmerzen verbunden.

Es ist ein Prozess des Loslassens für alle. Azrael kann diesen Prozess mit seiner Heilenergie und seiner Liebe unterstützen und auch den Hinterbliebenen bei der Bewältigung ihrer Trauer helfen. Wenn man einen geliebten Menschen verliert, gibt es keine Antwort auf die Frage nach dem Warum. Im Tod gerade junger Menschen kann man keinen Sinn finden. Die Verzweiflung ist groß und der Schmerz manchmal unerträglich.

Wohin gehen die Seelen?

Die Seelen, mit denen ich gesprochen habe, haben hierzu ganz unterschiedliche Angaben gemacht. Das liegt auch an der Bewusstseinsebene, auf der sich eine Seele befindet, wenn sie den Körper verlässt, und an der entsprechenden Ebene, auf der sie dann ankommt. Die Seele verlässt den Körper nicht immer sofort und auf einmal. Von einer Seele habe ich gehört: *Es ist wie ein Ziehen und mehrfaches Rein und Raus aus dem Körper.* Eine andere beschrieb es so: *Es ist, als würde man einen eng anliegenden Taucheranzug ablegen wollen. Man kommt da ganz schlecht raus.* Und: *Erst als ich das Licht deutlich gesehen habe, konnte ich gehen.*

Andere Seelen haben den Übergang zunächst gar nicht bemerkt. Das ist bei einem plötzlichen Tod durch Unfall häufig so: *Ich wusste gar nicht, dass ich gestorben bin. Ich habe es erst an den Gesprächen gemerkt und als mir niemand geantwortet hat.*

Ich habe meinen Körper leblos daliegen sehen. Da wusste ich nicht, was ich machen soll.

Ich bin durch einen Tunnel geflogen. Es war erst dunkel, dann grau und erst nach einer Weile wieder hell.

Ich bin eingeschlafen und ganz woanders wieder wach geworden.

Die Ankunftsebenen der Seelen sind so unterschiedlich wie die Urlaubsorte und Schulen der irdischen Welt. Es gibt unendlich viele Möglichkeiten, je nachdem, wie der Entwicklungsweg weitergeht. Hoch entwickelte Seelen werden von den Mitgliedern ihrer Seelenfamilie abgeholt und fliegen *First Class VIP* durch die Lichtebenen in eine höhere Dimension. Die meisten landen auf der Astralebene und suchen wie auf einer Urlaubsinsel den ihnen zugeteilten Bus, der sie dorthin fährt, wo sie befreundete Seelen treffen und sich erst mal ausruhen können. Erst später folgen die Lebensrückschau und die Absprache, wie die Reise weitergehen kann und welche Entwicklungsstufen es dazu noch braucht. Bei diesen Entwicklungsstufen handelt es sich um unterschiedliche Lichtebenen. Auf welcher von ihnen sich die Seele aufhält und wie sich dieser Aufenthalt gestaltet, hängt vom Bewusstseinsstand ab. Ich habe schon oft Seelen erlebt, denen es sehr gut ging und die erklärt haben, dass dieser Zustand wirklich wie der Himmel ist und sie froh sind, endlich dort angekommen zu sein.

Wieder andere bleiben in einem erdnahen Bereich hängen, weil sie sich nicht lösen können oder wollen oder vielleicht noch gar nicht gemerkt haben, dass sie verstorben sind. Die irdischen Gefühle und vor dem Tod möglicherweise durchlebten Krankheiten oder Schmerzen sind allerdings weg, weil sie an den Körper gebunden waren.

Für ein Medium ist es unerheblich, auf welcher Ebene sich die Seelen befinden. Man kann überall mit ihnen kommunizieren. Es ist jedoch wichtig zu verstehen, dass die Seele nicht mit einem separaten Stück Materie vergleichbar ist und auch nicht mit einer Person. Sie ist Energie. Ich vergleiche sie in meinen Seminaren oft mit einem Sonnenstrahl, der gleichzeitig Teil des Lichts und der Sonne selbst ist. Die Sonne steht hier für die göttliche Quelle der Liebe. Nur weil wir nach einem Sonnenuntergang vielleicht den Eindruck haben, die Sonne sei »tot«, lebt sie doch auf der anderen Seite weiter. Auch das Wort Jenseits macht deutlich, dass es eine andere Seite gibt. Die Sonne ist nachts im Jenseits, aber wir werden sie wiedersehen ebenso wie die Seelen unserer geliebten Menschen und Tiere.

Schluss

Nachwort für Angehörige feinfühliger, medialer Menschen

Partner, Familienangehörige und Freunde von feinfühligen, medialen Menschen haben es in ihrer gemeinsamen Welt nicht leicht, weil sie oft nicht nachvollziehen können, was gerade als Energiefrequenz in Form von Ton, Bild, Gefühl, Wissen etc. empfangen wird. Es gibt keine Gebrauchsanleitung zum Verstehen medialer Menschen. Dennoch möchte ich kurz darstellen, worauf man im Umgang mit ihnen achten sollte und wie man sie erkennen kann. Jeder Mensch verfügt über alle vier medialen Sinne, doch es ist sehr wahrscheinlich dass einer der Sinne besonders stark ausgeprägt ist.

1. **Medial Fühlende** neigen dazu, alle Energien und Emotionen aus ihrem Umfeld aufzunehmen wie ein Schwamm. Daher leiden sie schnell an emotionaler Reizüberflutung. Das macht sich auch bemerkbar, wenn sie mit chemischen Reinigungsmitteln in Berührung kommen. In der Regel liegt eine absolute Unverträglichkeit dagegen vor. Für medial Fühlende ist es schwer, diesen medialen Sinn auszuschalten. Sie sind harmoniebedürftig und durch Zurückweisung sehr leicht verletzbar. Sie spüren sofort, wenn etwas nicht in Ordnung ist. Logik spielt dabei keine Rolle. Angehörige oder Mitarbeiter, die sehr verstandesbezogen und

pflichtbewusst sind, kommen mit ihrer emotionalen Art oft nicht zurecht. Medial Fühlende leben zudem häufig in ihrer eigenen Zeitzone und erledigen Dinge in ihrem eigenen Tempo. Pünktlichkeit und Termine sind für sie nicht so wichtig. Sie unter Druck zu setzen, funktioniert gar nicht. Da sie alles hellfühlig erspüren, geben sie meistens die besten und längsten Umarmungen.

2. **Medial Wissende** sind voller Ideen und sprühen vor Lebendigkeit. Sie empfangen ihre Inspirationen leicht und schnell und leben gern spontan. Sie gelten schnell als »Besserwisser«. Und in der Tat wissen sie alles besser, weil sie einfach schon vorher von Ereignissen wissen, die kein anderer auch nur geahnt hätte. Sie werden im positiven Sinne als »Propheten« betrachtet und man fragt sie gern um Rat. In ihrem Arbeitsumfeld sind sie für ihre Effizienz und Geschwindigkeit bekannt. Sie erledigen in kurzer Zeit mehr als drei ihrer Kollegen zusammen. Es sind eher spielerische, unruhige Menschen, die Langeweile und Alltag nicht mögen und ganz viel Abwechslung lieben. Medial Wissende sind kreativ und ihrer Zeit oft voraus. Daher werden sie in ihrem Umfeld nicht immer sofort verstanden. Einer ihrer Lieblingssätze ist: »Ich weiß.«
3. **Medial Sehende** lieben das Licht, was sich auch darin äußert, dass sie gern alle Lampen im Haus oder in der Wohnung an haben und am liebsten in einer lichtvollen Umgebung leben. Trübes Wetter und ein verhangener Himmel machen ihnen emotional richtig zu schaffen. Mit ihrem ausgeprägten Lichtbedürfnis können sie in der Dämmerung oder wenn sie nachts Auto fahren und von den Schweinwerfern der anderen Autos geblendet werden, nicht gut sehen, auch wenn sie an sich gute Augen haben. Ihr Orientierungs-

sinn ist in der Regel jedoch ebenso gut ausgeprägt wie ihr Zeitsinn.

Medial Sehende haben viele innere Bilder. Manchmal laufen vor ihrem geistigen Auge regelrechte Filme ab. Sie haben häufig »Déjà-vus«, denn sie haben in der Tat schon vorher gesehen, was passieren wird. Deshalb lassen sie sich auch nicht von ihren klaren Vorstellungen abbringen. Man könnte sie fälschlicherweise als stur, perfektionistisch oder dickköpfig bezeichnen, dabei gleichen sie einfach alles mit ihrer inneren Vision ab. Veränderungen ihrer inneren Bilder sind für sie nicht stimmig, entsprechen nicht ihrer Wahrheit. Entweder entspricht eine Situation dem, was sie gesehen haben, oder auch nicht. Dann kommt sie nicht infrage. Für sie ist Liebe auf den ersten Blick eher ein Wiedererkennen eines Partners, den sie schon einmal in einer Vision gesehen haben. Medial Sehende können oft die Aura sehen. Sie haben auch ein Talent für harmonische Farbzusammenstellungen, beispielsweise in ihrer eigenen Garderobe oder in Räumen. Daher rühmt man sie oft für ihren guten Geschmack.

4. **Medial Hörende** sind oft sehr laute Menschen, die energisch, intensiv und kraftvoll wirken. Manche fühlen sich deshalb von ihnen eingeschüchtert. Hellfühlige Menschen können ihre Nähe besonders schlecht ertragen, da sie sich emotional leicht verletzt fühlen. Hellhörige Menschen bringen sich häufig gleich nach dem Aufstehen intensiv wie eine Dampfwalze zum Ausdruck. Das wirkt auf die noch verträumten Mitmenschen mitunter regelrecht aggressiv. Die ersten Botschaften empfangenen sie medial häufig schon unter der Dusche und wollen sie ihren Mitmenschen dringend mitteilen, ob diese sie hören wollen oder auch nicht.

Medial Hörende diskutieren gern und suchen, inspiriert durch die Botschaften, die sie vorher bekommen haben, im Gespräch nach Beweisen. Von Gefühlen wollen sie nicht so viel wissen, Fakten sind für sie interessanter. Sie sind gute und überzeugende Redner, die Probleme gut analysieren können.

Wenn man diese medialen Eigenschaften nicht einordnen kann, kann es zu Missverständnissen, Streit und erklärungsbedürftigen Situationen kommen, in denen die Nerven aller Beteiligten auf eine harte Probe gestellt werden.

Besonders leiden die feinfühligen, hellsichtigen Kinder und deren Eltern, die kein Verständnis für die Wahrnehmungen und Empfindungen ihrer Kinder haben. Oft schreien Babys und Kleinkinder aus panischer Angst vor den dunklen Wesenheiten, die sie hellsichtig wahrnehmen können. Was tun, wenn die Erwachsenen nichts dagegen unternehmen? Schreien, schreien und noch lauter schreien ist oft das Einzige, was die Kinder tun können.

Die unterschiedliche Art der Wahrnehmung von Menschen mit ausgeprägter Medialität und ihrer weniger medialen Mitmenschen wird anschaulich in folgendem Szenario: Zwei Personen sitzen vor dem Fernseher. Für die eine ist der Fernseher ausgeschaltet, doch die andere empfängt Bild und Ton und reagiert darauf mit entsprechenden Gefühlsäußerungen. Das kann lautes Lachen sein, Schreien (wie bei einem Fußballspiel) oder Weinen. Welche Reaktion es auch ist, für den Partner mit dem »ausgeschalteten Fernseher« ist sie irrational.

Die beiden »Fernsehzuschauer« sprechen wirklich unterschiedliche Sprachen und haben keine Chance, einander zu verstehen. Ich habe einen neuen Begriff kreiert und nenne die

Sprache aus der Welt der Energie einfach *Energiesisch*. Nicht jeder kann sie verstehen, aber jeder, der es möchte, könnte sein Bewusstsein erweitern und lernen, über die medialen Sinne Energiefrequenzen aller Art wahrzunehmen.

Muggel und Sheeple

Der Begriff *Muggel* wurde von J. K. Rowling, der Autorin der Harry-Potter-Bücher, geprägt und beschreibt Menschen ohne jede mediale oder magische Begabung. Muggel können weder hellsichtig Energien oder Wesenheiten wahrnehmen noch Botschaften aus der geistigen Welt empfangen. Für sie existiert nur, was sie selbst sehen können. Alles andere ist Einbildung, Hysterie, Spinnerkram, Zauberei, Hexenwerk oder Hokuspokus.

Auch Ariana musste sich dumme Bemerkungen von ihrem Vater gefallen lassen, als sie versuchte, mit ihm über ihre vier medialen Sinne zu sprechen. Er war Beamter beim Finanzamt und konnte das, was seine Tochter ihm über Engel und Naturwesen erzählte, absolut nicht nachvollziehen. Also antwortete er einfach mit einem typischen Muggel-Witz: »Ich weiß genau, welche vier zusätzlichen Sinne du hast: Blödsinn, Schwachsinn, Unsinn und Wahnsinn. Hahaha!«

Man muss einem Muggel nicht alles erklären. Diese Empfehlung gebe ich meinen Seminarteilnehmern mit auf den Weg, weil sie oft begeistert nach Hause fahren und dringend jedem erzählen wollen, was für unglaublich tolle Erfahrungen sie im Seminar gemacht haben: »Bitte verschont eure Angehörigen damit, es sei denn, es interessiert sie wirklich. Und auch dann kann man ihnen nicht in einfachen Worten erklären, was man erlebt hat.«

Allerdings wird die Welt der Energie dank der Erkenntnisse der Quantenphysik auch für Muggel immer leichter nachvollziehbar, denn die universellen Gesetze funktionieren immer, ob man daran glaubt oder nicht.

Der Begriff *Sheeple* ist eine linguistische Verschmelzung der englischen Wörter *sheep* und *people*. Sheeple sind Menschen, die sich wie Schafe verhalten. Ohne nachzudenken, zu hinterfragen oder sich eine eigene Meinung zu bilden, blöken sie mit den anderen Schafen mit. Ein Schaf ist bekanntlich ein Herdentier und lässt sich dahin treiben, wo der Schäfer und seine Helfer, die Hütehunde, es haben wollen. Sie sind darauf programmiert, der Herde zu folgen und genau das zu tun, was alle anderen auch tun. Sie kleiden sich wie alle anderen, fahren das gleiche Auto wie alle anderen und folgen den in den Medien verbreiteten Trends und Meinungen. Dabei glauben sie vielleicht sogar, eine eigene Meinung zu haben. *Wetten, dass nicht?*

Ich erinnere mich noch gut an die populären Sheeple-Ängste der vergangenen Jahre. Mein Mann und ich leben in den USA. Bevor wir zur Seminartour nach Europa reisen, sind wir immer gespannt auf die nächste Angstwelle dort. Es gab die Angst vor der Vogelgrippe, der Schweinepest, dem Rinderwahn und auch die Angst vor Salatgurken, die man auf keinen Fall mehr essen sollte, weil man sich angeblich mit E. coli infizieren konnte. Alle Sheeple sind vor Salatgurken zurückgeschreckt und haben uns dringend davor gewarnt. *Hallo, merkt hier keiner was?*

Leider kann man in manchen Situationen gar nichts dagegen tun, dass man selbst zum Sheeple wird. Jedes Mal, wenn wir am Flughafen den Security-Check durchlaufen, sind wir mitten drin in der Herde. Allen Schafen ist es unter Strafe verboten ihren Nagelknipser, ihre Zahnpastatube oder ihre Wasserflasche mit an Bord des Flugzeuges zu nehmen. *Interessant, oder?*

Als Sheeple hat man aber auch gewisse Vorteile: Man braucht nicht selbst zu denken, braucht keine eigenen Entscheidungen zu treffen und kann immer anderen die Schuld geben, wenn etwas schiefgeht. »Davon habe ich nichts gewusst«, war einer der Standard-Sheeple-Sätze zum Dritten Reich mit der Sheeple-Geste des ausgestreckten Arms.

Sheeple haben alle ein ähnlich limitiertes Bewusstsein. Wenn man sie zum Thema Medialität befragen würde, würden sie wohl sagen, dass sie »nicht an so was glauben«. Es gibt keine Differenziertheit in ihrem Bewusstsein. Alles ist »so was«, weil sie sich nicht erklären können oder wollen, wie »so was« funktioniert.

Es ist interessant, die Bewusstseinswelle über die Jahrzehnte zu verfolgen. Noch vor zehn Jahren hat man sich regelrecht geoutet, wenn man sich für »Engel und so was« interessierte. Mein Mann und ich haben einen Vortrag in einer Kleinstadt gehalten. Die Resonanz war sehr groß. Es kamen mehrere Hundert Zuhörer, die sich heimlich für »so was« interessierten. Es ging um Quantum-Engel-Heilung, ein Thema, das wirklich jeden, der gesund sein möchte, interessieren könnte. Manche Zuhörer waren geschockt, als sie ihre Sheeple-Nachbarn in unserem Vortrag antrafen, und reagierten mit Ausflüchten wie: »Ich bin nur hier, weil meine Freundin mich überredet hat.« Sie hatten auf gar keinen Fall damit gerechnet, dass ihre Nachbarn sich auch für »so was« interessieren könnten. Unsere Bücher und CDs wurden zu der Zeit noch hinter vorgehaltener Hand weiterempfohlen. Heute sind sie Bestseller.

Inzwischen hat sich das Bewusstsein vieler Menschen Gott sei Dank verändert. Heutzutage ist es so, dass sich zahlreiche schwarze Schafe für »so was« interessieren. Mehr und mehr Ex-Sheeple haben gemerkt, dass auch sie mediale Sinne haben, die sie zum besten Wohle aller nutzen können. Mit Quantum-Engel-Heilung und Cosmic Recoding können sie ihre limitierenden Sheeple-Programmierungen für immer löschen und ihre Herzenswünsche leicht und wundervoll erfüllen.

Power to the Sheeple!

Der Beruf des Mediums

Die Entscheidung für den Beruf des Mediums wird nicht im Kopf getroffen. Du kannst nicht einfach gründlich überlegen, das Für und Wider abwägen und diesen Beruf dann wählen wie jeden anderen Beruf, schon gar nicht aus Sicherheits- oder Vernunftgründen. Es gibt nichts Unvernünftigeres, als Medium zu sein. Was bedeutet das?

Als Medium wird man von der geistigen Welt ausgewählt und zur Zusammenarbeit inspiriert. Dies geschieht auf unterschiedliche Art und Weise. Du wirst vielleicht zu einem Vortrag über Medialität eingeladen oder bekommst dieses Buch in die Hand. Du hast mediale Erfahrungen, auch wenn du dir noch nicht so sicher bist, was das eigentlich war, was du erlebt hast. Du merkst, dass du feinfühliger bist als andere Menschen und Wahrnehmungen hast, die dein Umfeld nicht hat und auch nicht als normal bezeichnet.

Du wirst Gelegenheit bekommen, die geistige Welt noch besser kennenzulernen, und verspürst vielleicht den dringenden Wunsch, ein Seminar zu besuchen, auch wenn es auf der Kopf-, Zeit- oder Finanzebene nicht viel Sinn zu machen scheint. Irgendetwas lässt dich innerlich nicht los. Du spürst etwas in deinem Herzen.

Die geistige Welt, deine Engel und geistigen Lehrer werden dich zuerst sanft und dann immer bestimmter wachrütteln, bis du aus dem Dornröschenschlaf erwachst. Manchmal geschieht dies auch durch eine heftige Einweihung. Bei mir war es eine Krankheit, durch die mich meine Engel und meine Seele auf den Weg geschubst haben. Niemand wird rein zufällig ein erfolgreiches Medium, nur weil ihm nichts anderes eingefallen ist.

Die Entscheidung diesen Weg zu gehen, wirst du tief im Herzen spüren und auch die Motivation dafür ist von großer Bedeutung. Wenn du anderen Menschen helfen möchtest, ihre Trauer, ihre Lebenskrisen und ihre Krankheiten zu bewältigen, damit auch sie ein glückliches, gesundes Leben führen können, bist du auf der richtigen Spur. Je mehr dein Wunsch aus tiefstem Herzen kommt, desto wahrscheinlicher ist es, dass die lichtvolle geistige Welt dich auswählt, mit ihr gemeinsam zum besten Wohle aller zu wirken.

Wenn du innerlich bereit bist, wirst du die richtigen Lehrer treffen, die dich unterstützen und ausbilden. Niemand fängt vor großem Publikum im Rampenlicht einer Bühne an. Ich wurde viele Jahre von der geistigen Welt ausgebildet, ohne den Anspruch zu haben, Medium, Autorin, Coach, Referentin oder Seminarleiterin zu werden. Ich musste viele intensive Einweihungen und schwere Prüfungen durchmachen, bis ich diese Aufgaben übernommen habe.

Zusätzlich zu dem Herzenswunsch, den Beruf des Mediums auszuüben, sollte man fünf wichtige Eigenschaften mitbringen: Geduld, Demut, Ehrlichkeit, Ernsthaftigkeit und Vertrauen.

Wenn diese Voraussetzungen erfüllt sind und du bereit bist, Trauernden zu helfen, die Angst, Wut und Schmerz sowie die Seelen ihrer verstorbenen Angehörigen zu einer Sitzung mitbringen; wenn du bereit bist, Kranken zu helfen, die Leid und Not erfahren haben; wenn du die große innere Kraft der Liebe spürst, die lichtvoll strahlt, egal was an möglichen Herausforderungen von der irdischen Ebene, der Astralebene oder anderen Welten auf dich zukommt, kann ich dir sagen, dass Tausende Menschen sehnlich auf dich und deine Dienste warten.

Es gibt nicht genug gut ausgebildete, professionelle Medien. Diejenigen, die es wirklich sind, erkennt man unter anderem daran, dass sie auf lange Zeit ausgebucht sind. Der Bedarf ist riesengroß. Und die Mund-zu-Mund-Propaganda durch zufriedene Klienten tut ein Übriges. Nichts spricht sich schneller herum als gute Dienste und wundervolle Hilfe.

Die ersten Schritte als Medium

Empfehlen möchte ich dir, dich auf diesen besonderen Beruf gut vorzubereiten. Auch wenn du Formel-1-Rennfahrer werden wolltest, würdest du zunächst mit einem Fahrlehrer im Fahrschulauto fahren wie alle anderen. Ein guter Lehrer gibt dir Sicherheit und begleitet dich bei der ersten Erprobung deiner Fähigkeiten. Ein guter Lehrer achtet darauf, dass du zu jeder Zeit sicher bist, und begleitet dich Schritt für Schritt bei deinen ersten Übungen als Medium. Ein guter Lehrer zeigt dir, wie du Medialität und Heilenergien ganz gezielt verbinden kannst. Im Idealfall praktizierst du parallel zu deiner Ausbildung in einer Übungsgruppe und kannst deinem Lehrer mögliche Fragen stellen und Feedback bekommen. Idealerweise ist dein Lehrer auch in deiner Praktikumszeit immer für dich erreichbar. Es ist ein großer Unterschied, ob man mit einem Lehrer gemeinsam die ersten Schritte geht oder allein mit einem Klienten in einer Sitzung ist, wo die geistige Welt munter drauflosredet – oder vielleicht auch gar keine medialen Botschaften durchkommen.

Mediale Einzelsitzungen

Der Klient wartet dringend auf Nachrichten aus der geistigen Welt. Er hat immer einen wichtigen Grund, wenn er um einen Termin bittet. Wenn du bereit bist, als Medium zu dienen, können viele hilfreiche Botschaften aus der geistigen Welt zur emotionalen und körperlichen Heilung deines Klienten beitragen. Heilenergien können fließen und Wunder können auf vielen Ebenen geschehen.

Wenn man sich als Medium nicht gut vorbereitet hat und nicht über das Herz verbunden fühlt, entsteht großer Druck und mitunter bilden sich Schweißperlen auf der Stirn. Wenn die ersten Schweißperlen tropfen, ist man genau in der Energie, in der definitiv nichts geht: in der niedrigen Energiefrequenz der Angst.

Was kannst du tun, wenn dir das passiert? Wie man beim Monopoly zurück auf Los geht, gehst du in diesen Situationen über das tiefe Atmen aus dem Kopf heraus und zurück ins Herz, bis du die Energie der Liebe deutlich spürst und das Licht deiner Seele wahrnimmst. Über diese Energiefrequenz verbindest du dich erneut mit der geistigen Welt.

Denke immer daran: Es geht nicht um dich, um deine Selbstkritik oder deine perfektionistischen Ansprüche. Dein Ego hat Pause! Es geht um einen Menschen, der Hilfe sucht, und um seine Angehörigen. Wenn keine Botschaft kommt, kann man das auch einfach sagen. Wie an anderer Stelle bereits erwähnt, sind nicht alle Klienten wirklich bereit, eine Botschaft zu empfangen. Es kann sein, dass ihr Schmerz dafür noch zu groß ist. Wahrscheinlich ist es für diese Menschen zunächst wichtiger, Heilenergien zu empfangen.

Möglich ist auch, dass ein Klient nur für das offen ist, was er hören möchte, und nicht für das, was er aus Sicht der geistigen

Welt und seiner eigenen Seele wirklich braucht. Du bist in jedem Fall in der Funktion des Übersetzers. Du dichtest nichts hinzu und lässt auch nichts weg. Es geht darum, das nötige Fingerspitzengefühl dafür zu haben und die richtige Wortwahl zu treffen. Nicht nur deine Klienten sind sensibel, sondern auch die geistige Welt, mit der du kommunizierst. Hierin bekommst du mit der Zeit Übung und sammelst Erfahrung.

Mediale Botschaften für eine Gruppe

Es ist durchaus üblich, dass ein Medium seinen Beruf vor einer Gruppe ausübt. Ich habe das schon sehr oft gemacht. Angefangen habe ich mit kleinen Gruppen von zehn bis zwanzig Personen. Da hatte ich allerdings schon langjährige Erfahrung mit Einzelsitzungen und das nötige Vertrauen in meine eigenen Fähigkeiten als Medium mit einer sicheren Verbindung zur geistigen Welt. Wenn dies noch nicht der Fall ist, empfehle ich, mit Gruppen von drei bis fünf Personen anzufangen und viel zu üben. Dies ist eine spannende Erfahrung, weil sich viele Seelen, Engel und Lichtwesen zu Wort melden können. Damit nicht alles durcheinandergeht, ist es wichtig, sich jeweils nur auf eine Person zu konzentrieren und die zu ihr gehörigen geistigen Wesen mit ihren Botschaften wahrzunehmen.

In der Arbeit mit Gruppen ist es besonders wichtig, sich nicht aus der Energie des medialen Empfangens herausbringen zu lassen. Das kann einem unerfahrenen Medium leicht passieren, beispielsweise wenn eine Person im Publikum auf alle Botschaften mit Ablehnung und Unverständnis reagiert. Diese Art Teilnehmer wollen oft Beweise haben und das Gespräch so lenken, wie sie es gern hätten. Ein Medium kann aber nur weitergeben, was es empfängt.

Selbst wenn schon viele »Beweise« als Botschaften übermittelt wurden, gibt es immer wieder spezielle Personen, die alles anzweifeln oder sich schlicht weigern, die Botschaften zu akzeptieren. Manche sind so kritisch, dass sie anfangen zu schimpfen. Das kann das Vertrauen in das Medium erschüttern und alle Anwesenden verleiten, die Authentizität und Ehrlichkeit des Mediums infrage zu stellen. Lass dich dadurch nicht entmutigen. Manchmal haben diese Kritiker einfach schlechte Erfahrungen mit einem anderen Medium gemacht, das lediglich ein guter Schauspieler oder Hypnotiseur war.

Ich beginne jede Gruppenarbeit mit einer Lichtmeditation zur Heilung von Schmerz und negativen Emotionen. Die Teilnehmer spüren die Engel und lichtvollen Energien im Raum dann selbst. Das ist auch immer mit einer energetischen Reinigung verbunden und automatisch entsteht eine harmonische Atmosphäre. Auf diese Weise habe ich noch nie schlechte Erfahrungen mit Teilnehmern gemacht. Selbst kritische Menschen spüren die Energie der Liebe in ihren Herzen und können Vertrauen fassen.

Es kommt vor, dass sich einzelne Teilnehmer vor den anderen unsicher fühlen oder es ihnen peinlich ist, dass sie zum Beispiel weinen müssen. Es kann auch sein, dass sie vorübergehend alles vergessen (ich nenne dieses Phänomen inzwischen *Engelheimer*). Ich habe schon einige E-Mails erhalten, in denen mir Menschen mitteilten, dass sie während des Readings nichts mit der Botschaft anfangen konnten und ihnen erst danach, vielleicht sogar viele Monate später, eingefallen ist, was gemeint war. In den meisten E-Mails bringen Teilnehmer ihre tiefe Dankbarkeit zum Ausdruck und ich freue mich mit ihnen.

Heute arbeite ich mit einer großen Anzahl von Menschen. Bei Kongressen sind es oft mehrere Tausend und auch an meinen monatlichen medialen Erlebnisabenden, die ich kostenlos online gebe, nehmen sehr viele Menschen aus verschiedenen Ländern teil und stellen mir ihre Fragen. Ich brauche nicht mit ihnen im selben physischen Raum zu sein, um für sie mediale Botschaften aus der geistigen Welt weiterleiten zu können. Auf der Seelenebene, im geistigen Internet sind wir alle miteinander verbunden.

Egal wie viel Erfahrung du in dem Beruf des Mediums gesammelt hast, erinnere dich immer daran, wer du wirklich bist, und bleibe demütig. Viele Medien und spirituelle Lehrer, die von ihren Fans wie Idole angehimmelt werden, finden Gefallen am Scheinwerferlicht und posieren vor den Kameras der Presse. Das geht nur eine Zeit lang gut. Ich empfehle dir, dich nicht zu produzieren oder raushängen zu lassen, was für ein tolles Medium du bist. Die Engel schauen in dein Herz und wenn es voller Ego und Größenwahn ist, finden sie darin keinen Platz mehr.

Vor sehr vielen Jahren hat mir meine Lehrerin Mary einen wichtigen Rat gegeben: »Lass dich nie von den Menschen auf ein Podest stellen, denn es gibt dann beim nächsten Schritt nur noch einen Weg – den nach unten.« Das heißt, man fällt auf die Nase!

Auch als erfahrenes Medium lernt man immer dazu und bekommt aus der geistigen Welt immer neue Aufgaben. Es bleibt spannend und interessant und der Beruf des Mediums wird garantiert nie langweilig. Ich kann dich unter den genannten Voraussetzungen nur ermutigen, diesen Beruf auszuüben. Gern bin ich dabei dein Wegbegleiter. Denke immer daran: Ein Medium ist ein Bote und ohne die Präsenz der geistigen Helfer wäre es gar nicht möglich, diesen Beruf auszuüben.

Es ist interessant, dass sowohl mein Mann als auch eine liebevolle Freundin, die meiner Familie in einer schweren Zeit sehr geholfen hat, jahrelang als Briefträger (Bote!) gearbeitet haben. Ihnen und allen Himmelsbotschaftern danke ich von ganzem Herzen.

Mein besonderer Dank gilt der göttlichen Quelle der Liebe, Gnade und Kraft. Sie hat mir gezeigt, was zwischen Himmel und Erde wirklich wichtig ist.

Literatur

Adams, Alexander B.: *Geronimo*, New English Library Ltd., Los Angeles 1975

Alexander, Eben: *Blick in die Ewigkeit. Die faszinierende Nahtoderfahrung eines Neurochirurgen*, Ansata, München 2013

Emoto, Masaru: *Die Botschaft des Wassers*, Koha, Burgrain 2010

LaPallo, Bernando: *Age Less, Live More*, www.agelesslivemorestore.com

Moorjani, Anita: *Heilung im Licht. Wie ich durch eine Nahtoderfahrung den Krebs besiegte und neu geboren wurde*, Goldmann, München 2012

Mora, Eva-Maria: *Quantum-Engel-Heilung. Energietherapie und Kommunikation mit Engeln* (mit CD), Ansata, München 2006

Mora, Eva-Maria: *Quantum-Engel-Kinder. Rat und Heilung für Lichtkinder, für ihre Eltern und Lehrer* (mit CD), Ansata, München 2008

Mora, Eva-Maria: *Cosmic Recoding. Die neue Energiemedizin. Lichtvolle kosmische Codes für Heilung, Liebe und wahre Freiheit* (mit CD), Ansata, München 2015

Über die Autorin

Eva-Maria Mora, Deutsch-Amerikanerin, arbeitete nach ihrem Doppelstudium der Wirtschaftswissenschaften und Anglistik, das sie jeweils mit dem Diplom abschloss, zunächst zehn Jahre als Top-Management-Beraterin in ganz Europa. Das Interesse an Spiritualität und die Fähigkeit der hellsichtigen Wahrnehmung begleiteten sie von Kindheit an. Nach einer lebensbedrohenden Krankheit wurde sie zu energetischen und spirituellen Heilweisen geführt.

Sie ist Heilpraktikerin und Begründerin der Erfolgsmethode Quantum-Engel-Heilung®. Als Coach, Medium und Autorin mehrerer erfolgreicher Bücher und CDs ist sie weltweit tätig, hält Vorträge und gibt Workshops. Seit dem Jahr 2000 bildet sie gemeinsam mit ihrem Ehemann Michael in vielen Ländern erfolgreiche Quantum-Engel-Heiler aus. Die neuesten Erkenntnisse aus ihrer täglichen Praxis für Energiemedizin führten zur Entwicklung von Cosmic Recoding®. Eva-Maria und Michael Mora bieten auch Ausbildungen zum Cosmic-Recoding-Coach® und zum Medium an.

Kontakt: www.cosmicrecoding.com
www.quantumengel.com

Berufsausbildung zum Modernen Mora-Medium™

Die von Eva-Maria Mora und der geistigen Welt neu kreierte 3M-Ausbildung™ zum Modernen Mora-Medium™ ist ein Fernstudium mit Zertifikat und findet online live via Webinar statt. Sie bereitet darauf vor, eine eigene mediale Praxis zu führen und/oder angewandte Medialität in den privaten und beruflichen Alltag einzubeziehen – zum besten Wohle aller. Die Ausbildung ist auf die neue Zeit und die Bedürfnisse der Teilnehmer zugeschnitten. Es werden moderne und praxisnahe Inhalte zum Thema Medialität vermittelt und sofort angewandt. Alle medialen Sinne werden trainiert und es wird sehr viel praktiziert. Die Teilnehmer bekommen direkten Zugang zum »geistigen Internet« und lernen einen sicheren Umgang mit anderen Welten und geistigen Wesen. Ebenso wird in der Ausbildung Wert darauf gelegt, gut geerdet zu sein sowie die medialen Türen wieder schließen zu können. Das eigene mediale Potenzial kann sich entfalten, lichtvolle Transformation und liebevolle Heilung gehören dazu.

Die 3M-Ausbildung besteht aus 2 Teilen, jeweils 3 Monate, insgesamt 24 Stunden Live-Training in 12 Modulen (20.00 – 22.00). Die Online-Live-Events werden aufgezeichnet und stehen als abrufbares Material zur Verfügung.

Alle Teilnehmer/-innen erhalten Zugang zum Mitgliederbereich mit täglichem Austausch und der Möglichkeit, relevante Fragen zu stellen, die von Eva-Maria Mora persönlich über den ganzen Ausbildungszeitraum beantwortet werden. Das Leistungsangebot ist im Folgenden inhaltlich aufgelistet.

Zahlreiche Videos, Präsentationen, Meditationen, Übungen und Coachings gehören dazu. Es ist eine intensive Ausbildung, die viel Freude bereitet und leicht berufsbegleitend absolviert werden kann. Durch die Aufzeichnungen der Live-Events bleibt man zeitlich flexibel und kann nichts verpassen.

Es werden als Abschlussarbeit schriftlich mediale Erfahrungen und Ergebnisse dokumentiert, um die Qualität zu gewährleisten und als 3M-Medium™ Sicherheit zu erhalten. Die aktive Teilnahme an den Live-Events und die aktive Teilnahme auf der 3M-Community-Website ist ebenfalls Bedingung für eine Zertifizierung. Die zertifizierten 3M-Medien werden auf unserer Website mit Kontaktinfos gelistet.

Voraussetzung zur Anmeldung in unserem Online-Shop ist die Einarbeitung in das Thema mit dem Buch und der CD *Medium zwischen Himmel und Erde*. Wir empfehlen außerdem den Besuch der angebotenen Workshops Medialität und Heilung, siehe Online-Shop von www.evamariamora.com, oder www.quantumengel.com und www.cosmicrecoding.com.

Die Ausbildung zum medialen Lehrer ist zu einem späteren Zeitpunkt möglich und baut auf der Ausbildung zum 3M-Medium™ auf.

Modul 1

- Was ist ein 3M-Medium?
- Mora =Amor =Liebe
- Mediale Abenteuer & Mysterien

- Kontakt zur eigenen Seele
- Das geistige Internet
- Neues zwischen Himmel und Erde
- Moderne Einsatzbereiche der Medialität

Modul 2

Selbsttest, bin ich ein Medium?

- Materielle und geistige Welt
- Spirituelle Entwicklung
- Neues Bewusstsein
- Lichtmeditation: Herzheilung
- In Kontakt mit der Quelle der Liebe

Modul 3

Energetische Vorbereitung

- Lichtmeditation: Entfernung orientierungsloser Seelen
- Klarheit für das Bauchgefühl
- Den eigenen Gefühlen vertrauen
- Energetischer Schutz
- Der goldene Filter

Modul 4

Trainieren der medialen Sinne

- Lichtmeditation: Herzöffnung
- Hellfühligkeit
- Die medialen Fühler ausstrecken
- Medial fühlen über die Hände
- Fühlen des Körpersystems
- Engelhaut – Der Gefühlsradar
- Die innere Alarmanlage anstellen
- Psychometrie

Modul 5

Trainieren der medialen Sinne

- Erhöhung der Schwingungsfrequenz
- Mediales Wissen
- Die Tür zur Intuition öffnen
- Lichtmeditation
- Visionen und Vorahnungen
- Mediales Träumen
- Nahtoderfahrungen

Modul 6

Trainieren der medialen Sinne

- Mediales Sehen
- Zirbeldrüsen-Aktivierung
- Das Energiekörpersystem
- Mediales Aurasehen
- Bodyscan für Körper und Organe
- Medialität und Ernährung
- Das 28-Tage-Power-Programm

Modul 7

Trainieren der medialen Sinne

- Mediales Hören
- Kommunikation mit Engeln und Lichtwesen
- Lichtmeditation und Bewusstseinsreise
- Botschaften aus der geistigen Welt

Modul 8

Mediale Praxis

- Gefühlvoller Umgang mit Trauernden
- Das Leben nach dem Tod

- Eindeutige Zeichen und Botschaften
- Medialer Seelenkontakt mit lebenden und verstorbenen Menschen
- Wir müssen nichts beweisen
- Lichtmeditation: Die mediale Tür wieder schließen

Modul 9

Mediale Praxis

- Umgang mit medialen Blockaden
- In Einklang mit dem Feld schwingen
- Medialer Seelenkontakt mit Tieren
- Medialer Kontakt mit Naturwesen

Modul 10

- Mediale Praxis
- Medialität und Heilung
- Angewandte Energiemedizin
- Amazing Grace
- Die Tür zur möglichen Zukunft öffnen

Modul 11

- Mediale Praxis
- Medialität und sinnliche Sexualität
- Medialität und Männlichkeit
- Medialität und Schwangerschaft
- Mediale Kommunikation mit Ungeborenen
- Mediale Kommunikation mit Babys
- Mediale Kommunikation mit Kindern
- Medialität in der Familie
- Umgang mit Kritikern und Zweiflern

Modul 12

- Der Beruf des 3M-Mediums
- Medialität im bisherigen Berufsumfeld
- Beruflicher Neuanfang
- Die ersten Schritte zur Selbstständigkeit
- Mediale Einzelsitzungen
- Mediale Botschaften für Gruppen live und via Internet

Das Audio-Programm zum Buch

Lichtvolle Hilfe für die Kommunikation mit der geistigen Welt

Die drei geführten Meditationen von Eva-Maria Mora eröffnen einen sicheren Zugang zu höheren Dimensionen des Kosmos und zur Kommunikation mit geistigen Wesen. Sie klären und stärken den Energiekörper und schützen wirksam vor negativen Kräften. Unterstützt durch die wohltuenden Solfeggio-Frequenzen der wundervollen Musik von Aeoliah, wird Heilung auf Zellebene sowie Befreiung von emotionalen Verletzungen möglich. Wir werden uns der eigenen göttlichen Kraft bewusst und können die Wunder des Himmels ins eigene Leben holen.

1 Audio-CD, Laufzeit 50 Minuten
978-3-7787-7517-2